Growing a Business

ビジネスを育てる

いつの時代も変わらない
起業と経営の本質

ポール・ホーケン
阪本啓一◉訳
青木耕平◉解説

Discover

GROWING A BUSINESS
by Paul Hawken

日本の読者の皆様へ

※この文章は2005年に日本語版が出版された当時、著者から寄せられた序文を再掲したものです。

『ビジネスを育てる』（原題："Growing a Business"）の初版が出て17年経ちました。こうして日本の読者の皆様へ序文を書くことができ、大変喜ばしく思います。おかげさまで本書は上梓以来200万部売れ、31の言語に翻訳され、50を超える国で読まれています。その中にはエストニア語やカザフ語といった、皆様にはあまりなじみのない言語もあります。ここにようやく日本語版が皆様のお手元へ届くことに、感謝の気持ちでいっぱいです。

本書が出版されて以来、日本に限らず、世界中至るところで新しい世代（ジェネレーション）が生まれました。10年以上にわたり、日本は先の見えない不況に苦しみ、多くの生活者は経済設計の描き直しを余儀なくされています。米国もまたバブルの破綻を体験し、いまだその後遺症に苦しんでいます。日米両国ともテロリストの攻撃に遭い、戦争が勃発し、政治のリーダーが何人も交代しました。新しいテクノロジーは生活様式、対話方法、買い物の仕方にはじまり、果てはものの考え方に至るまで大きな変化をもたらしました。

ただ、そういう中でも、時を経て変わらぬものは存在します。意義ある生活を送りたい。意味ある仕事をしたい。こういう「人の思い」は、変わりません。人は自分の子どもたちのためにより良い生活を創り出し、その実現に貢献したいものです。大きくて、顔の見えない大企業から買い物をしても何の感動も生まれません。心配りができ、親切で、社会に対して関心を持ちながら、より良い世界を築こうと努力している人々。彼らから買うときこそが、至福のときと言っていいでしょう。

『ビジネスを育てる』の根底には、「人は自分の大志を、ビジネスの世界でも思いっきり表現することが可能である」というテーマが流れています。

マスコミなどの報道でビジネスが話題になるときは、たいてい、大企業の不祥事であり、ビジネスを通じて良いことをなし得る、という点がややもすると見過ごされてしまいます。「ビジネスが普通の人たちにも世界を変える手段となる」ことは矮小化されるか、ほとんど顧みられていないのが現状です。

この小さな書物には、実はとてつもなく大きな秘密が隠されています。その秘密とは「欠陥だらけとはいえ、ビジネスこそが、人類が自らをアート、文学、劇場、そして社会活動として表現できる、まっとうな手段なのだ」ということです。

本書は二つのまったく違うグループに向けて書かれています。第一は、大企業に勤務している人（あるいは、過去勤務したことのある人）のグループ。

米国経済は、ほかの多くの先進国経済とは違います。欧州の労働者のような、社会的なセーフティネットがありません。社会的な制約がないため、経営者は「ダウンサイジング」「リストラクチャリング」「リ・エンジニアリング」を勝手気ままに実施できます。米国企業は好きなときに好きなように従業員を雇い、解雇することができますし、実際にも実行してきました。30年以上の長きにわたり、「フォーチュン500（雑誌『フォーチュン』が毎年発表する米国企業の売上高上位500社のリスト）」に挙げられた企業は売上高を大きく伸ばしましたが、雇用は減少しているのです。

米国においてかつてあった、雇用の保障は消えてなくなりました。働く米国人の40パーセントが半年先の自分のクビを心配しているありさまです。

この経済の不安定さのため、米国人は頼れるものは自らの才能とチャンスを逃さない機転だという考え方になりました。もはや、会社への忠誠心が自分の未来と引退後の生活を保障してくれるわけではありません。経済基盤を築くため、それまで会社に向けていた顔を、今度は自分自身、友人、家族に向け始めたのです。昨今の中国を除けば、アメリカほど起業の盛んな国はありません。

起業といえば、たいていの人はぞくぞくする高揚感とリスクとを同時に思い浮かべます。理由はたくさんありますが、自分の会社を立ち上げるワクワク感は「自由」にあるのではないでしょうか。人の採用、自分の給料（支払うことができたとして！）、資金借り入れ、事業拡大……これらすべてが誰か他人ではなく、自分自身の自由裁量に任されているのです。場合によっては、多様な業務を体験することができます。会社員なら特定の業務だけを任されることに比べれば、腕の鳴る自由な気分を味わうことができる体験です。

一方、この自由は不安とも背中合わせといえます。日本のように画一化した価値観が支配する社会では、個人の自由の表現に制限が加わることでしょう。それは、起業家精神にとってハードルが高いことを意味します。「出る杭は打たれる」の諺（ことわざ）はビジネスの世界でも同様です。起業というものは、成功するかもしれないし、失敗する可能性も同じだけあるのです。

ご近所や地域住民の手前、何もかも失って一文無しになってしまった自分の姿を見せることは、耐え難い体験のはずです。だから日本においては、クビか、退屈な残業を不満顔の同僚と肩を並べて繰り返す苦行に耐えられなくなるか、そういった立場に追い込まれない限り、起業にチャレンジしてみようという気持ちにならないのです。

本書で読者と想定している第二のグループは、学生、アーティスト、活動家です。自分のキャリアはこのままではいけない。何かしたい、でも、それを表現する適切な手段が見つからない、そんな人々。大学を卒業したばかりのＭＢＡホルダー、女性のための経済的チャンスを創造したいと志す主婦、より良い世界を創り出したい活動家……起業家精神は、自分を取り巻く世界を変えてくれます。意欲があり、かつ目標達成の手段としてビジネスを利用したい、そんな人々に向けて、本書を書きました。

このタイプの人々は、自分を表現したりチャレンジしたりすることなしに人生を送ることなど考えられない。意義ある人生のためにはリスクをとることも厭(いと)わない。動機は違うにせよ、両グループの前に伸びている道は同じです。

起業家精神とは、社会が短期的・長期的に何を求めているのか、想像力を働かせて考え、製品やサービスを最適に提供できるよう自社を構築することです。本書の事例の中には、時を経て賞味期限が切れてしまっているものもありますが、原理原則は不変です。
私に言わせれば、ビジネスは失敗のしようがないのです。成功とは攻撃的になったり、一日18時間働いたりすることを指すのではありません。また、お金に対する強欲さや欲望でもない。あくまで自分自身の内なる声と、自分を取り巻く世界に耳を澄ますことを指します。

……このような考え方をするのは、ひょっとすると私が物書きだということも関係しているかもしれません。著名な米国人作家アニー・ディラードは、書くことを腕のいい狩人にたとえています。狩りをする人はやたらと騒音を出したり、森を荒らして獲物を逃がしたりするようなことはしません。静かな場所を見つけ、環境に自分を溶け込ませ、静かに耳を傾け、観察します。

だからといって、私はビジネスとは座ってじっと待つことだと言っているわけではありません。深い内省と不断の努力の積み重ね。ビジネスとは誰かの役に立つことであり、広く社会の役に立つためには、まず自分自身に耳を傾ける必要があるのです。

同時に、逆説的に聞こえるかもしれませんが、まず最初は、何より自分自身に訊いてみることです。ただ単に他人の気まぐれや要望を満たすためだけにビジネスをやるのであれば、それは奴隷にすぎず、自分を生きていることにはならないのですから。まず自分自身に耳を澄ませ、注意を払う。するとそこには無限の可能性が眠っています。人生に必要なものは、ほんものの人、まっとうな商品との偽りのないつながりなのですから。

ご挨拶の最後に、本書の内容に関連する範囲で現在の私についてお話ししましょう。私は相変わらず新しいビジネスを始めています。

本文で述べているメールオーダー会社（スミス&ホーケン）は年商7500万ドルに育ちましたが、1991年に売却しました。同社はその後も成長を続け、現在はもっと大きな規模になっているようです。

売却後の数年の間、私は執筆と講演活動を中心にしました。1995年、二人の友人と共にソフトウェア会社を立ち上げ、2002年、1億5000万ドルで売却しました。同年、グロクシス（Groxis）というソフトウェア会社を創業。その後、同社では会長職に退き（会社そのものは順調です）、新たに四つの会社を始めました。

パックスIT（PaxIT）、パックスファン（PaxFan）、パックスタービン（PaxTurbine）はライセンス会社で、自然の中に存在する流体力学、幾何学、数理アルゴリズムの原理をファン（扇風機）、ロータ－（回転翼）、羽根、タービンの動きに応用して、それらがより静かに、より無駄なく動くようにすることを目的としています。私の人生を通じての環境への関心の延長線上にあり、エネルギー利用へダイレクトに影響を与えるものです。会社は小さいですが、持っているライセンスは世界中の大企業に提供され、重要な意義を持つものと自負しています。

ハイウォーター・キャピタル（Highwater Capital）は、社会に責任を持つことを最重要視したミューチュアル・ファンド（投資信託）です。「公であれ、私であれ、どんな形態が最も環境と社会に責任ある会社形態となり得るか」という問題意識のもと、長年の調査研究の結果達した私の結論です。２００４年の地球の日（Earth Day、4月22日）に設立し、より良い世界にしようと活動している企業のサポートを始めました。

メアリー・オリバー（アメリカの詩人）がかつてこう書きました。「人が最も恐れるのは、自分が何か特別で、手応えあることをなし得ないまま生涯を終えるのではないかということ」。まさにその通りで、起業家精神というものは、つまるところ、ビジネスの専門家になることなんかではないのです。あなた自身の専門家になり、生来持っている特別でユニークな資質を思う存分発揮し、アイデア、製品、サービスとして世界に表現する。これがかなえば、あなたの成功は約束されたも同然です。

日本の読者の皆様が意義ある人生を送ることの一助になれば、著者として望外の喜びです。

ポール・ホーケン
カリフォルニア州ソーサリトにて

目次

日本の読者の皆様へ——3

第1章 あなたらしさを実現するために——17

第2章 成功のヒント、成功のワナ——35

まず、始めなければ始まらない——37
起業家はリスクを避ける人種——40
ビジネスは怖いもの——42
ビジネスは人柄の試金石になる——47
ビジネスは遊びである——51
ビジネスは実行あるのみ——54
お金がありすぎることは、足りないより悪い——56
「伝説」に惑わされてはいけない——59
ビジネスは常に問題を抱えている——62

第3章
小さくても大丈夫！――69
情報経済――71
規模はもはや優位性にはならない――77
「消費者」が消え、本当の意味の「顧客」が生まれ始めている――86

第4章
グッドアイデアだと思ったら時すでに遅し――91
失われたものを再び創造して取り戻す――116
「ありふれ」に違う光を当て、育ててみよう――119
OKラインを引き上げろ――121
ビジネスの奥底にある可能性を開く――123
古びたビジネスのお色直し――124
やるなら完璧に――126
低コスト体質になろう――128
「する（doing）」ことではなく「である（being）」こと――129
楽しくやろう――131

第5章
成長の秘訣――133
他人のためにビジネスプランを書くのはやめよう――138

プランだけではビジネスじゃない――141
プランを通じて学ぶ――142
失敗のためにビジネスプランを――144
ビジネスは増殖のアートである――146
長生きするためのプラン――153
成功のためのプラン――155
ビジネスプランの書き方――158

第6章

お金――169

小さく産め――179
必要になる前に手を打て――182
友だちからお金を借りる――184
ペルー・シンドローム～まったく、銀行ってやつは――191
たくさん借りる？　それとも無借金でいく？――196
コンスタントな成長――200
投資家への情報公開をしっかりやろう――204
新規の投資家を発掘する――205
自分たちで株式市場を創る――206
「びっくり」させない――208

お金の工面は常に「事前」に 209
ラック（運） 210

第7章 商売のセンス 217
粘り強さ 224
事実に向き合う 226
リスクを最小に 232
現場から学ぶ 235
数字に強くなる 237

第8章 まず、顧客に「パーミション」をもらうことから始めよう 249

第9章 顧客の視点から学ぶ 275

第10章 良い仲間で良い会社を作ろう 303
ヒントその1：人物の人となりを見て採用しよう。ポジション（肩書）ではなく 312
ヒントその2：あなたが見上げることのできる人を雇おう 314
ヒントその3：プロに任せない 316

ヒントその4：ハイブリッド・パワーを創り出そう――319
社員の成長速度より速く会社が成長してはいけない――323
「5-15」レポート――326
壊れものを探せ！――330
シジュウカラとコマドリ――331

第11章
聖堂守――335

訳者あとがき――340
解説――346
訳注――359

※本書は、2005年に刊行された『ビジネスを育てる』（バジリコ刊）の原著を新たに翻訳・編集したものです。

第1章

あなたらしさを実現するために

Something
You Live to Do

20年前、初めて自分の会社をボストンで立ち上げた。

でも実のところ、当時のぼくは、ビジネスにあんまり興味がなかったんだ。ビジネスよりも、自分の健康についてアタマがいっぱいだった。事情はこうだ。

ぼくは、生まれて6週間の赤ん坊の頃からこのかた、ずっと喘息に悩まされ続けてきた。だから食習慣については気をつけてきたつもりなんだけれど、「これが正解」というものには当時まだ出会えていなかった。典型的なアメリカ人の口にする食べ物、たとえば、砂糖、油脂、アルコール、化学物質、添加物などを食べるのをやめたら効果てきめん、呼吸がとても楽になる。でも、ハンバーガーやコークを口に入れたら、たちまち身体が怒り出す。あれやこれやと1年かけていろいろ試した結果たどり着いたのは、憂鬱な結論だった。

「健康でいたければ、食べ物オタクになりなさい」

ジャンクフードに愛情を込めてサヨナラしたものの、そこからが大変だった。当時、自然食品は簡単には手に入らなかったからだ。エスニック食料品店、農場、セブンスデー・アドベンチスト教会、ジャパン・タウン、家からえっちらおっちら行かなければたどり着けない、遥か彼方の業者……。ぼくはこれらの店で買い物するのに、週10時間はかけていた（やれやれ！）。それだけ苦労して行っても、健康食品の店は親切じゃなかった。売ってくれる食べ物ときたら、たいていは高価な秘薬やビタミン。カウンターでお相手してくれるのは、看護師の白衣を着て、白い靴下を履いた、青白くて痩せこけた脚の女性だ。

このような楽しくない買い物体験にこりごりしたぼくは、いっそ自分で店を始めてしまおうと、ボストンで最初の自然食品店を開いた。アメリカでも最初だったはずだ。

開店して最初の1年は、一日に300ドルを売り上げた。楽しかった。オペレーションは小さく、目が届く範囲だったので、顧客や仕入先と近かった。ビジネスが大きくなって、店に出るよりオフィスに引っ込んでいる時間が増えていった。だんだん面白くなくなってきた。

時は移った。儲けたり、損したりした。何百人もの従業員を雇った。商品を配送する鉄道貨車を手に入れた。アメリカの西と東、両海岸で店舗を開き、倉庫も持った。卸と製造の拠点を作った。破産の危機にも遭った。飢えてぎらつく目をしたライバルたちにしてやられたこともある。ライバルといっても、中には元・友人や元・社員もいた。

ビジネスについてまわるあれこれを人並みに経験した。借入金過多、人員不足、下手なマネジメント。かと思えば人員過剰、仕入れ過剰……。店のスタッフとの関係がまずくなったことも多々あった。うまく仕事を任せることができなかった。いずれもぼくの下手なマネジメントが原因だ。当時はまだバランスシートの読み方さえ、わかってなかった（いまは読める。でも、ここに挙げたトラブルはいまだにうまく解決できる自信がない）。

7年後売却したとき、会社は一日に2万5000ドルを稼ぎ出していた。1973年のことだ。その後ぼくは国を離れ、執筆生活に入った。スコットランドのコミュニティについての本（『フィンドホーンの魔法』）を書き始めた。ずっとやりたかったことだ。

数年後、スコットランドで出会ったオーストラリア人の妻とアメリカに戻ったとき、また新しく自分でビジネスを始める必要に迫られた。というのも、ふと気づけば、ぼくは単なる一失業者だったからだ。

大人になってから、どこかの企業のサラリーマンとして働いた経験がなく、しかも大卒の学歴もない。起業経験は、アメリカの企業社会で職にありつくに申し分ない資格とは思ってもらえなかった。企業の求める職務経歴書を満足させることができなかったのだ。新聞の日曜版の求人広告を見たが、ぼくに仕事してほしい人は一人もいなかった。

かといって大学に入って学歴を手に入れ、職務経歴書にかなう資格とやらを手に入れるのも業腹（ごうはら）なので、結局、ビジネスの世界に舞い戻った。流行りの言葉で言うなら、「起業家」に逆戻りってわけだ。

とはいえ、まずは自分でビジネスをやる前に、間接的な仕事から始めた。食品、出版、廃棄物転換、といった分野の企業のコンサルティングをやったのである。三つの企業の再建に携わった。ファッション、マーケティング、エネルギー関係の企業で、いずれも深刻な経営状況に陥っていた。組織ではなく個人が未来に与える影響をテーマにした本を書いた。このようなフリーランスの問題解決稼業を3年やった後、友人、投資家と共にスミス&ホーケンを創業した。いまから8年前のことだ。カリフォルニアのミル・バレーにオフィスを構えた。現在いるのがそこだ。

本書はこのようなぼくのビジネス経験がもとになっている。

ボストンで自然食品店を始めたとき、ぼくのビジネスに関する知識は貧弱なものだった。知識不足を補おうと、手に入る限りの本を読んだ。『ウォールストリート・ジャーナル』紙を定期購読した。難しくて、アタマがこんがらがった。有名なビジネス雑誌に目を通した。そこに広がる「フォーチュン５００」社の世界は、「何か違う」と思った。ハーバード・ビジネスクールのクラスにこっそりもぐり込んでみた。そこで議論されているケーススタディの役に立たなさと言ったら、狂気の沙汰だった。

そう。調べれば調べるほど、混乱は増すばかり。

「オフィシャルな」ビジネス世界とやらに接すれば接するほど、自分のやっていることが本当にビジネスなのかどうかわからなくなってくる始末だ。何かまったく違う種目の競技をやっているような、そんな感じがした。現在でもビジネス書を読むと、同じ気持ちになる。

実際にビジネスの現場で苦労している人なら、事業の新旧を問わず、ぼくが感じたのと同じ思いをしたことがあるはずだ。本、テレビ、ビデオ、高額な研修セミナー、コンサルティングなどの中にある「伝統的なビジネス常識」に従ってビジネスをしている人なんか、一人もいない。そこに書いてある常識とやらは「正直であれ、市場にギャップを見いだせ、お客様第一、採用は慎重に……」どれもこれも、当たり前のことじゃないか。

しかも、大企業のビジネス経験から蒸留されたアドバイスばかり。まるでスモールビジネスは大企業帝国のほんの小さな属国とでも言いたいみたいだ。

このことはぼくや読者のあなたに疎外感を与えるよね。でもおかしなもので、実際には、世の中、ぼくたちのようなスモールビジネスが大半なんだ。デヴィッド・バーチ（MIT、マサチューセッツ工科大学のリサーチャー）によれば、１９６５年に米国で創業した会社は20万社あった。現在この数字は70万社にふくらんでいる（訳注：本書出版１９８７年当時の数字。以下、史料的価値を鑑み、原文をそのまま訳出した）。

休眠している会社を除き、共同経営者、個人事業などを合計すると、１９８６年には１００万社以上が新しく創業している。そしてそのほぼ半数が女性によって起業されているのだ。アメリカの起業家精神における女性の台頭は、アメリカ経済への最大の福音だと思う。経済発展に大きな寄与が期待できる。

バーチの研究によれば、70年代以降、スモールビジネスは経済成長と雇用創出の原動力になっている。25年かかって、ようやくスモールビジネスは本来の意義を発揮できるようになったと言ってよい。勤め人の37パーセント、働く女性の約半分が起業願望を持っているという。アメリカ社会におけるビジネスの未来は大企業の重役殿の部屋にあるのではなく、フットワーク軽く動き回るスモールビジネスの玄関先にあるのだ。

この創業ブームは、他方、働く人の疎外感も反映している。というのも、たとえば、工場の組み立てラインでトランスミッションにボルトを締め付ける役目の工員、あるいは医療保険の事務手続き担当のオフィスワーカーに、プライドと効率性を意識して働け、と言うのは容易だ。しかし、一時的ならともかく、ずっと同じ状態を維持させることはたやすいことではない。人間は本来、おさえつけられた環境の中で一日の大半を過ごすことなどできないようになっている。わかるよね？　がちがちの大組織の中、お利口さんでじっとしているのは、50年代の人にとっては食うために必要だったかもしれないが、80年、90年代の働く人にとってモチベーションになるのは、自分のキャリアをいかに築いていくかなのだ。仕事に対する大きな満足や自己啓発にもつながる。だからこそ、「自分の起こしたビジネスをいかに育てていくか」が重要なポイントになるのだ。組織の中で居心地よく居眠りすることを選ぶ人は置いていかれてしまうだろう。

本書のテーマは「ビジネスを育てる」。

ここで言う「育てる」という言葉には、三つの意味がある。

「自分の周囲の世界へ関心を持つ」

「人から学ぶ」

そして、「自分を変える」

あなたは自分の中に、これから始めるビジネスについてのアイデア、知識、スキルを持っているはず。それが大前提だ。大丈夫、あなたは自分が思っている以上に、起業についてよくわかっている。そして、思っている以上に早く学ぶことができるはずだ。

本書で学ぶことの大半は、ビジネス社会に流布している業界慣習とは違う（できるだけたくさんの本を読んでみよう。読めば読むほど、業界慣習と一般常識の区別がつくようになる）。ぼくは、ビジネス社会でまことしやかに信じられている戯言（たわごと）やアドバイスとやらへ、断固ノーと言うつもりだ。

例を挙げよう。専門家は口を揃えて、こうのたまわる。

「創業間もないビジネスが調子悪くなるのは、十分な資金のないことが理由だ」と。

間違っている。ぼくに言わせれば逆だ。創業間もなかったり、育ち盛りのビジネスにとって、資金があり余ることは、ないよりタチが悪い。理由は後（第2章）でゆっくり述べるが、本当だよ。

イノベーションと起業家精神は本や教室で学べる「テクニック」だという本がある。ねぼけた戯言だ。革新的なマインドは経験を積むことで得られるのであって、教科書をお勉強したって、身につくものじゃない。

この本は起業家のためのハウツー、あるいは初歩から学ぶといった類(たぐい)のガイドブックではない。そういう本ならほかにもっといいものが出回っている。小あるいは中くらいのサイズの企業にいて、しかも、そこに居続けたいと思っている人。彼らにとって何が役に立ち、何が役に立たないかを理由と共にまっすぐ述べているのが本書である。そこが類書と一線を画す点だ。

キャッシュフロー、会計、マーケティングといった要素は、どんなビジネスにもついて回る問題である。自社の製品・サービスが、顧客のニーズを満たすことができるようになるかどうか。試金石の役目を果たすかもしれない。

たしかに重要だが、しかし、あまりとらわれてはいけない。毎日の買い物リストを見てその家の状態を判断しようとするのと同じで、本質から逸れるのではないか。

ぼくはビジネスの骨格や力学について考えたい。

あくまで一般常識への目配りを忘れず。

ありがたいお題目やエグゼクティブ御用達のセミナーといったスタンスではなく、「成功するビジネスとは、個人がのびのびと自分を表現することでもたらされる」という信念に基づいて話を進めるつもりだ。

そう、ぼくは話をスモールビジネスだけに絞るつもりはない。

『ホール・アース・カタログ』『ホールアースレビュー』などを発行しているスチュアート・ブランドがスミス&ホーケンのオフィスをうろうろし、わが社の「顧客サービスの原則」を見つけた。中身については後（第9章）で詳しく述べるが、リュー・リッチモンド副社長の手になるものだ。「まとめて、出版したらいいのに」スチュアートは言った。「顧客の視点から学ぶ（You Are the Customer, You Are the Company）」という雑誌記事はこうして生まれた。

ぼくがこれまで書いたどの記事より売れた。反響の大きかったのは、「フォーチュン500」社に名を連ねている大企業のお偉方からだった。企業のサイズが大・中・小どれも関係なく、重要なポイントは共通していることがわかる。10、50、500、1000……どんな企業でも、小さなユニットに小分けできる。スモールビジネスの集合体と考えられるのだ。

だから、本書は、スモールビジネスの個人事業主に限らず、企業人に向けても書かれている。規模の大小にかかわらず、発生する問題とその解決法には共通したものがある。活力と、創意と、常識だ。大企業はややもすると社内手続き、社内政治、フローチャートといったものに足元をすくわれてしまいがちだ。しかし、問題解決をするのは常に人間の頭脳なのであり、手引書ではない。

大、小、あるいは大の中にある小。いずれであれ、ビジネスというものの育て方を、もっとよく、かつもっと人間臭く学ぶ必要がある。ビジネスは雇用を生み出し、生活水準を維持し、高め、問題解決についてのテクニカルで実践的な方法を教えてくれる。

「良き人は良きビジネスに通ず」

生まれてこのかた40年になるが、このような言葉を耳にすることはほとんどなかった。でも、いまや多くの人が、シンプルでとても重要なこの言葉を口にしている。そして生活のどんな営みよりも、ビジネスはぼくたちを、より広い社会へと駆り立てる。一層の向上を目指して。

昨今の米国における爆発的な起業熱は、ごうつくばりの数が増えること、という風にはぼくには思えない。そうではなく、「人が生きる」ということの意味を考え始めた人の数が爆発的に増えているのだ。

20年前のぼくなら、いま書いたことは言えなかった。思いもしなかった。1967年当時、ビジネスというものはうさん臭いものだった。「ダウ社は人殺しをやめろ（Dow Shall Not Kill）」は当時の反戦運動の有名なスローガンだ。企業のリクルート担当者はスタンフォード、ミシガン州、ウィスコンシンなどをはじめとする大学キャンパスから追い出された。ビジネスマンという職業は社会的にも低く見られていた。

反感の多くは大企業に向けられたが、スモールビジネスも例外ではなかった。「起業家」という言葉を聞くと、人は「金のにおいに群がるアリ」のような「いいとこ取り」を連想した。「チャンスを狙う」といった、前向きな良いニュアンスで受け止められることはなかった。

ぼくがボストンに店を開いて数週間後、ある友人が皮肉を込めて、あけすけに聞いた。「起業家になった気分はどうだい?」ぼくはなんだか恥ずかしかった。

当時の「起業家」に、みんなが抱くイメージはこんなものだ。ローマ法王の行幸(ぎょうこう)があるとそれにあやかったTシャツを売ったり、自然災害の直後にボトル入りの水を販売したりする連中。動物シェルターから子猫を盗んできては純血だと偽って売ったり、スズメに黄色の塗料を塗ってカナリヤとして値札をつける。

ぼくの父は写真家、母はリサーチ・アシスタントをしていたのだが、二人とも、ぼくが店を出すというのを聞いてちっとも祝福してくれなかった。また、決して友人たちにぼくが何を始めたか言おうとしなかった。

ある日、突如として、ぼくはその理由を理解した。父方の英国から移民してきてまだ間のないわが家には、ビジネスを恥とする英国気質が色濃く残っていたのだ。ぼくのベンチャービジネスは両親に、「あなたの2番目の子は失敗だった」と確信させた。小さい頃からぼくは決して優等生ではなかったが、大きくなってそれを実証したわけだ。店先を箒で掃きながら、よくそんなあれこれを考えたものだ。

ぼくがビジネスの世界に入ることに眉をひそめたのは両親ばかりではない。店を始めると聞いたとき、先生方はみな肩をすくめては静かに反対の意を表した。

友人たちは、ぼくの人生の舵取りが間違っているんじゃないかと言った。昔のガールフレンドからは電話もかかってこなくなった。そう。友人たちはみな、アンチ・ビジネス派だったのだ。

1960年代、ベトナム戦争は組織的な行為というとらえ方が一般的だった。政府と軍産複合体の仕業で、責任は等分にあるとされた。ボストンのニューベリー・ストリートにあるぼくの店にある商品は生活に必要な品ばかりだというのに、まるで兵器の研究所であるかのような目で見られたものだ。もちろん、ぼくの思い過ごしかもしれないけれど。でも、ぼくの感じた孤独感は強く、寂しさのあまりロータリー・クラブへあやうく入会しかけたほどだ。

ぼくがビジネス界へ入ることにショックを受けた友人たちも、数年後、意見を変えたようだった。1974~75年のオイルショックによる不況の頃だ。ビジネスとは無縁の、一般教養科目が描いていた夢は粉々に砕けた。英文学専攻の学生たちは職探しをする中で、ぼくが見つけたのと同じものを理解したようだった。すなわち、アメリカ社会において、最も自分のしたいことができる自由を与えてくれるのはビジネスであり、自ら仕事を創り出すことも「あり」なのだ、ということである。

ビジネスをやるのにルールなんてものはほとんどない。面倒な規制も、ない。ぼくの食品ビジネスは最も規制にうるさい業界だが、それでも、ほとんどないといってよかった。政府の介入や規制にぶつくさ言う人はいるものの、ビジネスがアメリカにおいて最も妨げを受けていないことは事実だ。そして、自営業ほど自由な生き方はないと思う。

60年代に重視されていた価値が、現代の起業家を動かすモチベーションになるとは考えられない。すなわち、創業の第一の目的は金を儲けること。すべては金、金、カネ、カネ……というやつだ。そういう拝金主義はロナルド・レーガン時代に一部定着した。「貪欲」というやつだ。

しかし、金儲けへの欲は、ぼくの考える良きビジネス思考とは遠いところにある。

おかしな理屈に聞こえるかもしれない。でも、成功するニュービジネスの多くは（すべて、とは言わないが）、ご都合主義を超えた価値から生まれている。ビジネスが成功するのは、より広いビジョンを持っているからなのだ。

あなたの周囲の世界を曇りのない目で見つめる。それがアイデアをビジネスに育て、実行し、永続的に繁盛する際の大事な一歩になる。人と違うことを選ぶ。バランス感覚が悪い。正規の教育を受けていない。忍耐がない……といった特質ゆえに、起業家はある意味で社会の本流から外れている。たしかに社会には属してはいるが、一歩引いた見晴らしのいい視点から見ることができるのが起業家なのだ。

起業家精神とは、行動するより前に、見ることである。「見る」「行動する」、そして最後にやっと「ビジネスする」がくる。あくまでビジネスは最後であり、「行動」、さらには「見る」ことを優先するべきなのだ。

「見る」ことを優先とはいえ、「これが自分のやりたいことだから」と、自分の視点だけから始めて成功した起業家は少ない。ヒントは自分の周囲にある。**成功する創業アイデアはある特定の職業にのめり込んだり、趣味が高じたり、あるいは何かほかの目的を追求していく中で生まれる。起業家は「世界にはこれが欠けている！」という熱い思いに駆られて製品やサービス**

を新しく思い描き、あるいは変化を加えるのだ。起業家は新しい世界のドアを開ける人となることが多い。そしてそのドアの向こうに成功が待っているのだ。

ぼくが自然食品のビジネスを始めたとき、自分の食習慣を変える知恵を発見できたなら、きっとビジネスを成り立たせるに十分な数の、自然食品の良さを理解してくれる人々の賛同を得られると信じていた。自然食品へのニーズを啓発し、普及すれば、そしてそのニーズに応えることができれば、ビジネスも成長していくだろう。

良きビジネスは、働く人と、そのビジネスに共鳴する人の生活を両方とも豊かにしてくれる。ぼくがボストンで店を開いたのは自分が自然食品を必要としたからであり、その思いはきわめて純粋、シンプルなものだ。ぼくにとって店はビジネスにとどまるものではなく、自分の命に関わる重要事だった。

そう、ビジネスの成功は、ひとえにあなた本人にかかっている。あなたが世界に二人といないように、あなたのビジネスもかけがえのない唯一絶対のものなのだ。「ビジネスをする」ということは、お金儲けを指すのではない。あなたが、ほかの誰でもない、あなた自身になるための道なのである。

第2章

成功のヒント、成功のワナ

Be Careful,
You May Succeed

ビジネスの報酬をお金、リスクを失敗と見るのは本質ではない。
損益は損益計算書に任せればよろしい。
大切なのは、損益にかかわらず、何事かを生み出す泉となる数限りない活動である。

ビジネスはその豊かさと多様性ゆえに素晴らしいのであって、想像以上に多彩な色を備えたパレット（絵の具を混ぜる道具）といえる。ところが、多くのビジネスの「中身」についてはあまり耳にする機会がない。輝かしい成功物語は称賛され、失敗はよってたかってつつかれ、遠ざけられる。いずれにも属さない凡プレーは語られない。しかし、興味本位のヒーローや生贄願望は真実を追求しようとする目を曇らせる。

あなたの始めたビジネスは、ビジネス史に燦然と輝く成功にはならないかもしれない。それどころか、店じまいして会社勤めに戻る羽目になってしまうかもしれない。そのとき用意する履歴書からは抹殺したくなるような、思い出すのもイヤな失敗になるかも。
でも、そうなったところで構わないではないか。ビジネスはビジネスであって、スキャンダル雑誌のネタを提供するために行うものではないのだから。

どんな事件が起こったとしても、初めての起業体験は学ぶことだらけのはずだ。カメの歩みのように地道に努力を重ねる人もいれば、持って生まれた天運で転がり込んだかのような繁栄を手にした人もいる。大輪の花を咲かせた人、商売に手を出したばかりにとんでもない苦労をしょい込んでしまったと告白する人。さまざまな人を見てきた。

本章では、スモールビジネスを創業することに伴う報酬と、立ちはだかる壁について話し、読者の参考に供したい。最初にお断りしておきたいのだけれど、ぼくは決して読者の出鼻をくじくつもりはない。むしろやる気に火をつけたい。そのつもりで、どうか読み進めてほしい。

まず、始めなければ始まらない

「当たり前じゃないか」あなたは言うかもしれない。イエス、始めなければ始まらない。しかし、言うは易く、行うは難し。

ビジネスアイデアなるものは、耳にタコができるほどあちこちで聞く。その多くは素晴らしいアイデアだ。ただ問題は、そのアイデアの持ち主が「どこから始めればいいのかわからない」

ことである。とはいえ、「ここが出発点ですよ」と簡単に教えることはできない。なぜなら、ビジネスはみな違うからだ。

有効なアプローチの一つは、**「何が出発点ではないのか」**を考えること。ビジネスプラン？　違う。銀行口座に資金があること？　違う。店舗スペースを賃貸すること？　商品？　みな違う。かっこよくて気取った役員室や、いかにもエライさんが乗るといった高価な車を用意すること、たっぷり時間をかけたエグゼクティブ同士の外食ランチ……これらのようないかにも「私たち経営者と社員とは違う世界に住んでいるのだよ」と思い知らせるような仕掛けは必要ない。社員と経営者を分け隔てするのは古い考えであって、百害あって一利なしだ。

ビジネスの成功とはそういうものではない。ビジネスの出発点は派手なイベントを打つことではない。「グランドオープン」をする必要もない。そんなものは、店じまいでやればいい。

まずはじめに、あなたのビジネスアイデアをわかりやすいエッセンスに凝縮してみよう。できたら、さらに、ぎゅっ、と絞ろう。全国で店舗展開するチェーンも、はじめはごく小さな種子から出発したのである。ビジネスははじめが肝心。それで成否が決まったようなものである。

ビジネスの成長は一歩一歩階段を上がるようなもの。階段を丁寧に踏みしめていけば、失敗はほとんど起こりようがない。そうぼくは思う。近道をしようとして、段を飛ばしたりしてはいけない。最初の手抜きが、失敗の引き金になってしまう。

創業し、ビジネスを育てていくことは、キレイごとではできない。だからぼくは言葉だけで、「実践せよ」と言うのではなく、文字通り、全身全霊で取り組め、という意味で言っている。

ビジネスを育てるということは、あなた自身が汚れ仕事にも自ら精通することを意味する。はじめのはじめに、業務全般について正しくコントロールできるだけの力をつけよう。業務がどのような基本要素によって成り立っているのかを知ろう。このことは、のちに業務分担の割り振りができるようにするためにも必要だ。

最初の、このような地道なプロセスを飛ばしてはいけない。後々トラブルの原因になる。どのような成功したビジネスであっても、最初は地味な業務から始まったのだ。

ジョン・デールは、ヴァーモントからイリノイにやってきた当座、小洒落た鍬をデザインできる鍛冶屋だった。1837年の創業以来、彼の起こした会社はいまや全米に名を轟かせる大企業に育っている（訳注：https://www.deere.com/en/）。

1925年、C・E・ウルマンは農業エンジニアだった。ルイジアナで空中農薬散布の実験をしていた。彼がほかの三人と共に創業したデルタ航空が空中農薬散布の仕事をやめたのは1966年のことだ。それまで旅客サービスとは別に、農薬散布もやっていた。

ケロッグはさる保養所の小麦フレークを売る子会社として出発した。コカ・コーラはアトランタの薬局店頭で売られるいささかインチキくさい万能薬だった。リーバイ・ストラウスはカリフォルニアのゴールドラッシュ時、テント用のキャンバス生地の在庫に苦しむドイツ移民だった。その生地を鉱夫用のズボンにして売り出したのがジーンズというわけだ。

起業家はリスクを避ける人種

手垢のついた常識とやらはこう言う。「起業家はリスクを好むものだ」……そんなものに騙されてはいけない。たしかに起業家の行動は大企業に比べればリスキーで危なかっしく見えるかもしれない。大企業であれば失うものへの保険をかけるまでもなく、あえてリスクを取ることが可能だ。経営リソース（資金、人材、有名度……）が遥かに豊かなのだから。それに比べれば、起業家は失うことへのリスクは大きい。

とはいうものの、起業家は無名であるがゆえのメリットがある。何かを成し遂げることを、誰にも注目されずに、こっそり挑戦することができるのである。

起業家がひとたび製品・サービスに需要が見込めると見るや、もう彼らの目には、立ちふさがるリスクなど霧消してしまう。たとえ部外者の目には立派なリスクであったとしても。


アリス・メドリッチはいまや大成功したココラ（Cocolat）というデザート・ベーカリーの共同創業者だが、彼女がバークレーで第一号店を出すとき、リスクがあるなんてことにはまるで関心がなかった。アリスは自分のチョコレートが最高だと知っていたし、顧客も最高と認めてくれると知っていた。これはアリスも認めるところだが、当時の彼女の確信に満ちた思いは他人には傲慢に見えたほどだ。


このときアリスが見ていたものはチャンスであって、リスクではない。

彼女は経営コンサルタント、ライル・スペンサーが提唱したアイデアを実証してみせた。次のようなものだ。

「起業家は、外にいる者からすればとんでもないリスクを、あえて取ろうとする。しかし、確信に満ちた本人にとっては、ちっともリスクではない。目の前に飛び越えるべきリスクの谷があったとしても、第三者と起業家とでは感じる深みが違う。自信ある起業家には、こんなもの、やすやすと越えられる、と見えるようなのである」

リスクばかりが目立つようなら、もう一度考え直したほうがいい。考え直して、それでもまだチャンスよりリスクのほうが多いのなら、再考の余地ありだ。あなたの直観は正しい。

ビジネスは怖いもの

いくらリスクを避けるようにしても、起業家は胃に穴が開くような経験に見舞われることがある。ぼくがボストンのニューイングランド・マーチャンツ銀行の融資担当者と初めて面談したときの体験は、屈辱的なものだった。

相手は砂色の髪をした、印象的な名前を持つ（ジョン・クロッカー・ビゲロー）インテリの副社長。見るからにエリートだ。ただ、幸いなことにジョンも彼の妻も、ぼくの店エリュウホン（Erewhon）の顧客だった。でもぼくはまるで結婚式の新郎のようにナーバスになり、席に小さく縮こまっていた。

というのも、ぼくには何をなすべきか、何を言うべきかさっぱりわからなかったから。ただ一つわかっているのは、「融資が必要」ということだけ。お金が手に入らなければ、店じまいしなければならない。

ジョンは、「卸売ビジネス、うまくいってる?」と尋ねた。ぼくは憑かれたようにしゃべりまくった。タンパク質を含んだモンタナ産小麦のこと、羽根車で圧縮抽出されたオイルと溶剤抽出法により製造されたオイルの違い、肥料にはバイオダイナミクス(生体機能学)接種材料を使っていること、そのほか、そのほか……。

すべてはぼくがいかに自分のビジネスに精通しているかを、ジョンに印象づけるためだ。

ジョンは微笑んだ。そして、来年のキャッシュフローはどうなっているか聞いた。続けて、当座比率(短期の支払い能力を分析する指標。流動比率よりも厳しい)や、債務をどう対処するつもりか、質問した。

ぼくはジョンの口にする「当座比率」やら「債務」やらといった用語が、何を意味するのかちんぷんかんぷんだった。正直に告白すれば、聞いたことすらなかった。小麦には取り組んできたが、そういう経理用語とは無縁の生活をしてきたわけで。

幸いにもジョンの与信査定に通り、わがエリュウホンは融資を受けることができ、胸をなでおろした。しかし、あのとき感じた自分の無知に対する恥辱感は、生涯忘れられないだろう。

たとえあなたの家族、友人、仲間、社員（いてくれたとして）が全面的に協力してくれていようと、たとえはじめに何の問題もなかろうと（あり得ないことだけれど）、それでもあなたは何かしら不思議な孤独感を味わうはずだ。

まず、こんな疑問があなたを襲う。

「一体ぼくは何をやっているんだ？　これって誰かほかの人がすでにやってることなんじゃないか？　しかも、ウチよりもっとうまく」

これを「振り返りシンドローム」と呼ぶ。

ぼくもスミス&ホーケンを立ち上げて2年の間、いつ次のような無邪気な質問が飛んでくるかヒヤヒヤした。

「ケリーのカタログを見たかい？　君のとそっくりだよ」

どれどれとくだんのカタログを開く。案じた通り、やはり自分は二番煎じだったかとがっかりする。そんな悪夢に悩まされた。

エリュウホン自然食品店の強みがもしあるとすれば、ぼくがその分野の草分けで、知識も十分あるということだった。だからといって悩みがないわけではなく、当然のように次の疑問がぼくを襲った。

「市場性はあるのだろうか。もしあるなら、どうしてこれまで誰も手を出さなかったんだろう」
書店、ピザ屋、美容室、といった昔からなじみのある商売の場合、悩みはこうなる。
「どうしてぼくの考えているのと同じにならないのだろう。出店立地とか、レシピとか……はっきりとわかる優位性はどこに置けばいいんだ？」

農業はスモールビジネスの中でも、最もギャンブル性が高い。とびっきりの才能とスキルを求められる。環境変化へ素早く対応できる鋭い感受性も必要。農業従事者は、周知のように市場だけではなく自然にも翻弄される。１００パーセント人知の及ぶものではない。ぼくは自分のビジネスを、農業とまったく同じだなあ、と思ってしまう。おそらく読者も同様の感想を持つに違いない。

ビジネスの初心者が一様に怖れるのは、精一杯やっても、懸命に働いたとしても取り除くことのできない「失敗の可能性」だ。

失敗することを怖れても回避はできない。できないから、怖れるのも無理はない。いくら頭が良くて、才能に恵まれていても、時に過ちや判断ミスはつきもの。安泰で居心地のよい組織から飛び出て、小舟のように不安定なスモールビジネスを起こしたわけだ。一つのミスが、リカバリー不能なほどのダメージに直結することがある。

だからといって、失敗への怖れを人に話すのは考えものだ。誰かに打ち明けたとしても、あなたが受け取るのは説得力のない、いい加減なアドバイスが関の山。もちろん、そういったアドバイスをくれる家族や友人に悪意はない。あなたを傷つけるつもりなど、さらさらない。しかし、しょせん、起業家のあなたと彼らとでは心の持ちようが違うのだ。

あるいは彼らはこう考えるかもしれない。

「君がビジネスを始めたのはお金儲けをしたかったんだろう？　自分で決めたことじゃないか。誰か上司に無理やり命令されてやったわけでもなく。自分で自分のケツを拭くのは当たり前だよ」

そう。友人にビジネスの悩みなど、言わぬが花なのだ。怖れがあったとしても、黙っているに越したことはない。

この話、そもそもの前提が、当時まだ「起業家精神」というものを受け入れられていなかったからこうなる、と読者のあなたは思うかもしれない。しかし、起業家精神が一般的に受容されている昨今でも事情は同じだ。ビジネスの悩みは当事者以外の第三者には理解されないのである。

ビジネスは人柄の試金石になる

ビジネスほど経営者の人柄を試し、むき出しにしてしまうものはない。ビジネスの世界に一歩足を踏み入れた途端(顧客ではなく、企業の立場に立った途端)、あなたはさまざまな事件の洗礼を受ける。取った行動が正しかったか間違っていたか。社員の扱いはフェアか、違うか。社会環境の役に立ったか。逆に汚染してしまったか。スタッフが親切で、打てば響く対応の、お気に入りの店を想像してみよう。今度はその逆の店はどんなだろう。さて、あなたの店は?会社は? 工場は?

これから話す事例は実話だ。業種は違えど、すべてのビジネスに共通する内容だと思う。

ある配管工。創業10年、ビジネスは順調。ビジネスの肝(きも)は、彼のオリジナルではないものの、目のつけどころが良いアイデアだった。

「メンテナンス・サービス料として年間100ドルをお支払いいただきましたお客様には何度でも無料で修理に参ります」。部品は有料だが、割引価格にした。

このアイデアは当たった。700世帯がサービスを利用した。商いは拡大し、配管工はトラックを増やした。ビジネス・ジャーナリストが記事にした。気の利いたモットー「これ以上流しにお金を流しなさんな」と共に、成功物語が描かれていた。おかげで全国の配管工から同じようなビジネスをやりたいと問い合わせの電話が殺到した。そこで配管工はフランチャイズを始めることにした。

それから5年。フランチャイズは拡大し、配管工は全米800社のフランチャイズ・オーナーになった。彼の給料は100万ドルを超えた。会社の株は数百万ドルに上り、ベッドルームが12もある豪邸、別荘、プライベート飛行機、たくさんの車……。指先には最近お気に入りの手巻きモンテカルロ葉巻。

しかし、ここから人生が変わり始めた。かつて彼を慕っていた社員たちは次第に社長を怖れ、忌み嫌うようになった。最初は彼の味方だったフランチャイジーも、いまや彼のことを「あいつはバカだ」と言うありさま。取引先は彼が請求書一つひとつにしみったれたケチをつけるのでアタマにきていた。妻は家を出てしまい、子どもたちは非行に走った。配管工は太りすぎ、高血圧の治療を受け、夜眠るために鎮静薬を服用しなければならないようになった。かつての株主は、騙されたと配管工を起訴した。

「起業家精神」をテーマにしている『エンタープライズ・ウィーク』誌は、この大物のことをその年のずば抜けたサクセス・ストーリーとして特集した。名誉に思った配管工はくだんの雑誌を1000部取り寄せ、社員、取引先をはじめ、通信社やビジネス関係のマスコミに送った。

配管工の話は他人事ではない。

あなたも、ビジネスを通じて人柄を試されているのである。

顧客、取引先など、すべてビジネスで接触する人々との付き合い方は試金石のようなものなのだ。とはいえ、彼らはあなたにとってホンネでは好きにはなれない人種かもしれない。彼らとの社交はできれば避けたい類かもしれない。

お金はたしかに便利なものだが、とはいえ、ビジネス・モードになると人はどう動くかわからない。初めて出会う「不思議な人種」たちのはずだ。ビジネス関係の人と付き合うにつれ、人間観が変わってしまう。あなたが知っている、信じているはずの人——良識ある人——が、真実を自分の都合いいように操る人だったりする。ビジネスとは人に関するものだ。人が関わる以上、予想できないことは常に起こるもの。

このような話を聞くと、シニシズム的に、世の中を斜めに、冷笑的に見てしまうようになるかもしれない。シニシズムは本来、政治や株の世界で囁かれる、取るに足らない悪評のことだ。ビジネスの文脈で語られる場合にはもっとソフトで、逆にあなたの理想主義や人の良さに対してお守り代わりになってくれるかもしれない。人間がお金を前にしたときの変身を見てもへこたれない免疫ができるだろう。

世界の見方が、より豊かになるはずだ。

さて、そういう中でも、ユーモアのセンスを磨こう。

ベン・コーエンとジェリー・グリーンフィールドの二人がヴァーモントに本社を置く「ベン&ジェリーズ・ホームメイド・アイスクリーム（Ben & Jerry's Homemade Ice Cream）を創業し、名声を確立した頃のこと。ある競合社——端的に言えば、似たようなパッケージで安売りをしていた——がヴァーモントにやってきた。ベンとジェリーに「合併しませんか」と言った。「角突き合わせるんじゃなく、仲良くしませんか」こういう取引の決まり文句である。

ベンはあごひげをなでながら、言った。

「ぼくは現在のガールフレンドとかれこれ6年も一緒に住んでる。それでもぼくたちはまだ結婚してない。君なんて、わずか20分の付き合いじゃないか」

ビジネスは遊びである

いつものように、まずは失敗談から始めよう。

ビジネスが失敗する基本的要因はきわめてわかりやすい。顧客がいないことである。あなたが店開きをしても、市場の風がそよとも吹かない。要するに、売れない。商品はいい。役に立つ。創業プランは満足いく出来栄えだ。ところが、パズルのピースが何か足りない。どうしたらいいんだろう。

そういうとき、ぼくのおすすめは、シンプルだ。遊んじゃえ。

あなたがビジネスを始めたきっかけは、チャンスを発見し、変化を起こし、サービスし、情報を提供し、改善し、誰かの喜ぶ顔を見たい……これが出発点のはずだ。さもなければ、そもそもビジネスなんざ始めなかっただろう。さっきぼくが挙げた言葉たちをもう一度読んでみてほしい。発見、変化……これらの言葉は、別の一つの言葉に置き換えられる。そう、「遊び」だ。

子どもの遊びを観察していると、体験したことのないコトや感情への畏怖(おそれ)、驚き、疑い、好奇心でいっぱいだ。教えられる。刺激をもらえる。良い学校では学ぶことそのものをゲームにする。その精神は、誰でも歓迎、のけものなし、みんなを褒め、誰もからかったりしない。ビジネスも同じ。ビジネスは起業家の運動場だ。

子どもたちはわれわれ大人を矢継ぎ早の質問攻めにする。

「なぜ?」(Why?)

一方、起業家の口癖はこうだ。

「なぜダメなんだ?」(Why not?)

「なぜ?」という共通項があるではないか。

「なぜ?」を手に、顧客の立場に立ってみよう。表へ出て、自分の会社を外から眺めてみよう。世界の成り立ちを初めて目にした子どもの気持ちになってみよう。晴れた日には人で賑わう公園に出かけよう。部屋にこもってビジネス書などにかじりついていてはいけない(本書も例外ではない!)。

スプリングフィールド・リマニュファクチャリング・センター社(以下SRC社)社長ジャック・スタックは全社員をゲームプレイヤーへと変えた。彼は自社の取り組みについてこう呼んでいる。「ビジネスの偉大なるゲーム(グレート・ゲーム・オブ・ビジネス)」。

当時、親会社インターナショナル・ハーベスター社は深刻な経営危機に陥っており、のちにＳＲＣになる工場部門を切り捨て、身軽になりたかった。１９８３年、スタックは12名の管理職と共にトラックエンジンを修理する部門を自腹で買い取った。１１９人の社員の職場を救うために。スタックは、数字こそが全員を「自分ごと」にさせると信じ、そのためには仕事をゲームにしてしまうしかない、そう考えた。ゲームは楽しいし、シンプルだ。

さて、現在、およそ考え得る限りの製造プロセスは数値化されている。たとえば労働生産性から作業に使う軍手の数まで。社員たちは自分で数字を書き込み、ゲームに取り組んでいる。スタックの気の利いた表現によれば、ＳＲＣの3つの工場内を歩くと、まるでビンゴゲームの真っ最中にいるような感じらしい。ボーナス、昇進、社員持ち株への数値的貢献がすべて可視化されている。このおかげで、ディーゼルエンジンを修理する、というＳＲＣの仕事そのものに対する深い意味を社員は感じ取ることができる。ビジネスの成功の意義を「自分ごと」として理解できる（離職率はきわめて低い）。かといって、SRC社員は「オレが、私が」という風にドヤリングすることはない。おしとやかにベンチに座って試合見物、というわけでもない。ごく自然体で、ただ、自分たちのビジネスを遊んでいるのだ。[※1]

遊ぼう。仕事にゲーム感覚を取り入れよう。

ビジネスは実行あるのみ

ビジネスを始めたばかりのときには、勝手がわからないものだ。うまくできるようになるためには、何度も何度も同じことを繰り返し実行しなければならない。しかし、だからといって、この繰り返しを単調な機械作業ととらえるのはいけない。慣れてきたら自分流にアレンジしてみるのだ。

逆の場合はどうだろう。

あなたはこのビジネスを隅々まで知り尽くしている。もうこれ以上学ぶことも、変える余地も残されていないとしたら。さて、あなたはどうするだろう?

ビジネスは理論や革新的なアイデアをテストする実験場ではない。

ビジネスとは、実行である。

アイデア大事、情報大切。創造性も欠くことができない。しかし、何より重要なのは、実行だ。心を平らにしてもりもり実行を重ねよう。

ベーカリー「ココラ」を経営するアリス・メドリッチは一年の三大行事——クリスマス、イースター、バレンタイン——の仕入れと人員配置でアタマを痛めていた。開店当初、これら三大ホリデーは悲劇だった。数年の実行を経て、事態はゆるやかだが改善された。メドリッチが納得できるレベルに達するまでに、おそらく6年はかかった（お忘れなく。一年のうちのたった3日のことについてさえ、6年を費やしているのである）。

ビジネスはピアノやサーフボードを習い始めるのと何ら変わりはない。何事によらず「これだけやれば成功する」などという近道は、ない。むしろ逆だ。にもかかわらず、多くの新米経営者は机の前に座ってさえすれば、自然に天下無敵のスーパービジネスパーソンに変身できると思い込んでいる節がある。

大きく息を吸って。吐いて。じっくり取り組もう。働こう。実行しよう。そして、学ぼう。

お金がありすぎることは、足りないより悪い

お金については後に1章を割いて（第6章）論じる予定だが、はじめのうちにぜひ頭に入れておいてほしいことが一つある。それは、「スモールビジネスにとって、お金がありすぎることは、足りないより悪い」という金言だ。

スモールビジネスにとって最大の問題は資金不足である、という昔からある言い伝えには賛成できない。ビジネスにとって――規模が大であれ、小であれ――最大の問題は想像力の欠如であって、資金じゃない。創業間もない企業がイージーに資金を手に入れられることは、創造性をスポイルする悪しき影響を及ぼす。

お金持ちの企業はコンサルタント、弁護士、賢い会計士、広告代理店、市場調査、などなどを簡単に雇ったり手に入れたりできる。そういうわけにはいかないお金のない企業は夢見たり、想像したりする。そして、それが重要なのだ。ハングリー精神は物事が正しい方向へ進むように加速してくれるのである。

ベン&ジェリーはアイスクリーム・ビジネスを乏しい資金で始めた。だから市場での自社のイメージを戦略的に作り上げるという芸当はできなかった。選択肢のない中、ベン&ジェリーは等身大でいくほかなかった。そう、ありのままの姿、すなわち「ぼくたちはアイスクリームを売っているんです」という姿を見せるしかなかった。彼らのメッセージはストレートだった。ベンの表現を借りれば「南部気質丸出し」。

いまになって振り返ってみると、誰か外部の力を借りてイメージを作ることができなかったのは、逆にベン&ジェリーの大きな財産になっている。武骨さが、品質と信頼を連想させるから。

ぼくの会社、スミス&ホーケンを見てみよう。ぼくたちはベン&ジェリーよりはいくらか多く資金を使えたが、しかし、カタログを制作するのにデザイナー、写真家、コピーライター、コンサルタントなどを雇う余裕はなかった。自分たちでやるか、あるいはカタログなしで済ませるか、二択だった。出発がこんなだったので、その後も軸がぶれることなくいけた。そして社外へ下請けに出していたら手にすることはできなかったであろう、新しいことを学ぶことができた。

この「自前主義の強み」に気づいたのは、その数年後、友人が新しくカタログ会社を立ち上げたときだ。彼は創業キックオフを伝えるメールカタログを50万部用意した（ぼくたちスミス&

ホーケンは487部)。友人は、カタログ作成をダラスの大手企業に発注した。

ある日、ランチを共にしながら、コストはいくらかかったのか訊いてみた。制作費だけで10万ドル。点心を喉につまらせたぼくを気遣いながら、彼は訊いた。

「君の会社はいくらかけたんだい?」

この時点で、スミス&ホーケンのカタログは100万部の購読者に成長していた。

ぼくは彼に、まだまだコストダウンは可能だよ、とアドバイスした。

友人は写真に2万5000ドルかけていた。ぼくの会社は4000ドル。コピーライティングに1万2000ドル。うちは自分たちで考えた。カタログレイアウトとデザインに2万5000ドル。うちの社内デザインチームは6000ドル。タイポグラフィに1万5000ドル。うちは2700ドル。スタイリストに5000ドル。ぼくはカタログのスタイリストって、一体誰がどんな仕事をするんだい? と質問した。

以上、トータル8万2000ドルを友人は支払っていた。一方うちは1万2700ドル。

友人の会社が現在店じまいしているのは決して偶然じゃない。お金を潤沢に使えたからスタートダッシュは見事だったかもしれない。しかし、だからこそ彼は躓(つまず)いた。自分で学んで向上する絶好のチャンスを手にしそこなったのだ。

政治家はスモールビジネスを支援したがる。起業家にとってみれば、お金はないよりあったほうがいいので一見ありがたく思える。しかし、ぼくはこの傾向が、逆に「お金さえあれば問題はすべて解決する」という危険な考えを助長しはしまいかと懸念している。

スモールビジネスにとってお金のあることは決して雇用創出やイノベーションに結びつきはしない。逆に妨害になったりする。

お金ですべてが解決するのであれば、スモールビジネスの出番などないことになる。資金が潤沢にある大企業がすべてをやればいいのだから。起業家が関わる以上、スモールビジネスは、お金では解決できない類の問題に取り組むからこそ、この世に生まれたと言っていいのだ。

「伝説」に惑わされてはいけない

ビジネスの世界に慣れ、銀行家たちと付き合いが始まり、いっぱしの企業人になると、あなたは次のことに気づく。

「ビジネスに終わりはない」どこまで行っても、ゴールはないのだ。

そして、誰よりもビジネスが上手な賢人という人も、この世には存在しない。

仮にあなたが大成功して、ビジネス界の王者になったとしよう。その場合でも、調べてみれば似たような業績を上げた人はいくらでもいるものだ。

ぼくたちはみな、似たりよったりなのである。

やがてあなたに「貴重な」アドバイスをくれる人が出てくる。耳寄りの知識を伝授しに来る人も近づいてくるだろう。世界を股にかけた人脈を誇る人も寄ってくるはずだ。なるほど、彼らは大きなリムジンに乗っている。オフィスは立派、銀行口座もケチのつけようがない。しかし、一皮むけば、メッキは簡単に剥がれる。ビジネス雑誌『フォーブス』が記事にするような賢い経営者の知恵というものも、衣を脱がせば、何のことはない、生活の中でどこにでも転がっている知恵をまとめたものに過ぎない。

成功した経営者はやるべきことをきちんと実行した。それだけ。

そこに「誰も知らないとっておきの成功の秘密」など、ない。びびることはないのだ。

ビジネスの世界は相当複雑で、しかも高速に変化している。だから、大企業トップは日替わりのように代わる。多くのトップはどっしり椅子に座るというより、かろうじてぶら下がっている、というほうが正しい。

少し前、大手化学メーカー、ユニオン・カーバイド社の副社長と話す機会があった。彼はこう言った。

「うちの経営幹部の誰一人として、大企業をマネジメントする方法なんて知らないんだ」

この数年後、インド・ボパールの大惨事が起きた。[※2]

赤ん坊でもわかる程度の問題すら、幹部たちの手に負えないありさま。これというのも、企業組織の複雑さが原因である。

大企業の業務システムはぐらついている。主な原因は、たとえスーパーコンピュータであっても解けない。なぜなら、問題の多くの根っこは、人に関するものだから。そしてこのことは往々にして忘れられがちだ。

「フォーチュン500」のような大企業に限らず、それより比較的小さい企業であったとしても例外ではない。大企業の運営の複雑さから見れば、アレクサンダー大王の偉業など、まるで子どもの遊びに見えてしまうほどだ。新聞や雑誌に掲載されている全知全能な経営の神様といった物語は忘れてしまおう。読者の夢をくすぐるためだけに書かれているのだから。騙されてはいけない。

大企業に比べ、スモールビジネスの経営者は日常オペレーションのコントロールが比較的自分の掌中にある。ところが会社が大きくなるにつれ、起業家は徐々に「会社（corporation）」の語源（corpus）が身体（body）を意味することに、「なるほどなあ、たしかになあ」と気づき始める。

ビジネスが大きくなると、会社自身が生命を持ち始めるのである。そして創業者は会社と自分との間に距離を感じ始める。

ビジネスは常に問題を抱えている

数年前の秋の土曜日のこと。秋の行楽シーズンを楽しむ人出でにぎわう世の中を横目に、ぼくは一人、オフィスで仕事をしていた。いまとなっては何だったのか忘れたが、ある問題の解決に取り組んでいた。

その問題は、当時ぼくが課題としていた数百のうちの一つだ。

ぼくはいつものやり方で取り組もうとした。解決し、二度と再発しないようにするには。

何年もの間、ぼくはまるで「永遠の解決」という名前のうさぎを追い狙う猟犬のような姿勢で問題に取り組んできた。

いま少し熱心に、いま少し長く、いま少し創造的に取り組めば「うさぎ」を捕まえることができる。そして完璧なビジネスができるようになる。そう信じていた。

ビジネスの悟りを開き、暗闇の中から光あふれる至福の世界に飛び出ることができる。

月曜の朝がいつも楽しみで満ちるようになる。

ぼくは間違っていた。

たしかにその日、ぼくは悟りを開いた。天啓を得た。ただ、それは思い描いていたものとはまったく正反対の内容だった。その美しい午後、まさに真実に目覚めたんだ。

「問題が解決し、すべてなくなることはなく、逆に、問題が常にあることが当たり前なのだ」

実のところ、問題があるということは、その会社が学び盛りのステージにあることの証左なのである。この新事実に出会って、ぼくは自由になった。

どうして誰かもっと早く教えてくれなかったの、と思った。これまでのぼくの問題解決へのアプローチを、愚かだなあ、と誰かが見ていたかもしれない。こう囁き合っていたはずだ。「見たか？　ポールのやつ、やり方わかんないんだぜ」

月曜の朝、ぼくは社員をおもむろに見回した。「問題は常にある」ということを、彼らはすでに知っていた。知らないのはぼくだけだった。

読者の皆さんにはぼくと同じ過ちを繰り返してほしくない。

最初に知っておこう。


「問題は常にある」

問題があるからこそ、そこにチャンスがある。

問題はチャンスが姿を変えているだけなのだ。


同じく、ハチャメチャな状況というのもチャンスの山だ。好んでハチャメチャの中に首を突っ込もう。ハチャメチャを愛そう。逃げず、自ら愛してその中に飛び込むことこそがハチャメチャを解決する唯一の方法なのだから。

人は、小さな問題ですら、できれば逃げたいもの。まして問題てんこ盛りの状況など、とんでもないと考えるのが普通だ。生活はきちんとしていて、予測可能であってほしい。そう考えるのが人情というもの。ビジネスパーソンも例外ではない。秩序こそが成功の道、そう習った。折り目正しさと正確さ。家事や簿記ならそれもいいだろう。

創業したばかりのビジネスはいかなる予想、予測、パターンも当てはまらない。粗削りで、驚きの連続、予想もしない結末ばかりだ。しかしよく考えてみればこの世の中すべて同じで、ビジネスの世界だけが例外ではない。

さる著名なユング派精神分析家が、自らの豊富な臨床経験を振り返っていわく。

患者はみな、問題のオンパレードでやってくる。友人と思っていた人が実は友人じゃなかった。仕事がつまらない。都会の生活は難しい。健康状態が悪い。毎日がつらい。

はじめの頃、分析家は自分の仕事を「患者が世界に適合するように手助けすること」と考えていた。経験を経て、分析家は患者のほうが正しいことに気づいた。世界はそんなに良いものではない。結婚は当てにならない。子どもたちは不良だ。学校はまるで刑務所だ。大気は汚染されている。街行く人は意地悪だ。これらすべてを要約すると。

人生は、難しい。

この「発見」後、分析家は患者の扱い方を変えた。かつてのように、患者「を」世界「に」適合させることをやめた。代わりに患者が自分の感受性の豊かさに気づくよう手助けし、世界ではなく患者たちのほうがまともなのだということを理解してもらった。

自分たちの環境への感受性を鈍らせるのではなく、逆に研ぎ澄ませば澄ますほど、犠牲者としてただ嘆いていたときより問題への対処がうまくできるようになる。分析家は確信した。答えは、世界に対して受け身で適合するのではなく、チャレンジしていくことだったのだ。

ビジネスが問題やとんでもない混乱にぶつかったときこそ、真正面から向き合おう。ごたごたの中に、キラリと光る宝を発見できるはずだ。混乱も、逃げず向き合えば広がりが止まるし、最後は友人のように味方になってくれる。

こんにち巷（ちまた）にあるビジネス書の犯した罪のうち最大のものは、「確かさ」を金科玉条にしてしまったことだ。チェックリスト、ＴＯＤＯリスト、原理原則、なんとかの10か条、これだけやればＯＫという秘訣集、などなど……。これらを実行すれば、経営に「確かさ」が生まれる、とする。ウソだ。本書の読者にぼくが伝えたい原理原則はたった一つ。

「自分の頭で考えよう」

これだけ。手軽で簡単な答えに飛びつくのはやめよう。ビジネスに定石はない。ないからこそ努力が必要で、努力した分だけ報われるのである。

「問題の本質」について天啓が閃いた数日後、さらに重要な気づきを得た。問題が常につきまとうものであるなら、では、良いビジネスと悪いビジネスの違いって、何なのだろう？

答え。

良いビジネスは面白い問題をはらんでいる。

悪いビジネスの問題はつまらない。

良い経営とは「技」である。問題を面白いものにし、解決に取り組むことで社員が生き生きと働き、健康的になる。まるでお宝が交ざった福袋のように。ところが、悪い経営ではこうなる。社員は問題を避け、書類にして机のファイルへ投げ込んで知らぬ顔。良い問題は元気をくれる。悪い問題は気力を奪う。

良い問題は良い商品を求めてやまない。

数え切れないチャンスを運んでくれる。地域に寄与する。日曜午後ともなれば顧客が会社見学に訪れる。あなたを手助けしてくれる人が現れる。あなたより賢い人が社員に集まる（珍しいことではないだろう？）。競合他社はあなたの会社に肩を並べる好敵手だ。

悪い問題は悪い商品をもたらす。顧客の目には悪意がこもる。銀行の負債はとんでもない額に上る。オーバーワーク。給料が安いという不満。社員は会社に愛情を持てない。結果、だらけきった社員たち。

オーナー、経営者としてのあなたの仕事は発生する問題すべてを解決することではない。そうではなく、発生する問題が魅力的な会社にすることだ。そうすれば、賢くてずば抜けた力を持った人が応募してくれるようになる。問題の解決は彼らがやってくれる。

とはいえ、問題があまりに多くても、会社にとってはじわじわとボディブローのように効いてくる。一方、会社がぬるい空気で問題がほとんど起こらない場合でも、優秀な人材は外へ流れていってしまう。後に残るのは官僚組織、ということになりかねない。

常に問題というものはあるのであり、問題を良いものにするのは自分自身のパワーだと理解すれば、あなたは問題を家に一切持ち帰る必要がないだろう。あなたは問題を、問題の好きな場所、すなわち会社に置いておけばよいのである。

問題はそれだけで解決するはずだ。

第3章

小さくても大丈夫！

Small, Fat,
and Happy

ビジネスの世界に大きな革命が起きている。

その変化はとてつもなく大きく、かつ浸透力はあるが、気づいている人はわずかだ。

大企業の規模と影響力は峠を越えた。市場における優位は大企業から中小企業に移った。経済史のこの大きなチャンスをしっかり理解することは、すでに起業したり、これから起業しようと考えている人にとって重要だ。新しいビジネスアイデアを考え、会社を成長させるのに役立つはず。

特に、次の三つが重要な経済変化である。

第一に、製品・サービスはますます品質と情報を要求される。顧客はあらゆる分野で品質と情報を求める。スモールビジネスはこの要求を満たす商品を提供しやすい。

第二に、商品はこれまで以上に独自の「とんがり」が重視される。どこにもない「とんがり」を生み出すのに、企業のサイズは関係ない。大きいからといって優位なわけではない。むしろ重荷になりかねない。

第三に、企業から商品をただ受け身で提供されるだけの「消費者」は、自ら企業に要求もする「生活者」に取って代わられようとしている。大企業は受け身の消費者のほうが好みのようだが。[※3]

情報化経済[※4]

拙著『ネクスト・エコノミー』の中で、大企業はすでに峠を迎え、より小さな構成要素に分解されつつある、と述べた。1983年、まだ巨大合併がウォール街の話題の中心になる遥か前のこと。合併や買収話がにぎやかになった昨今でも、ぼくは自分の予言が間違っていたとは思わない。

ウォール街でやっていることは、昔ながらのビジネスのやり方を踏襲しているに過ぎない。「フォーチュン500」社が、自力で成長する方法が見つけられないため、若くて生きの良い企業を「食う」しかない。そう考えていると見えてならない。

たとえば、1978年と1986年の間にゼネラル・モーターズ（GM）は売上高が630億ドルから1020億ドルに成長したが、国内市場シェアは48パーセントから39パーセントに下落している。車の値上げと、インフレ、そして企業買収がGMの「成長」の秘密なのである。「フォーチュン500」誌のトップページを飾る大企業は、1970年から現在（1987年）までの間に、400万から600万もの正社員の職を失くした。1980年単年だけでも、

100万もの職が消えた。一方、同じ年にスモールビジネスは200万の職を創出している。インフレを調整した後の数字で見ても、「フォーチュン500」企業よりスモールビジネスのほうが、経済統計上では大きな存在になっている。

工業化社会のしっぽをひきずった経済や市場とはお別れだ。

ここでちょっと復習しておこう。工業化社会とは、基本的には、伝統的にヒトがやってきた仕事を機械化することで成される。人力の代わりに石油や石炭などの化石燃料を使って機械を動かす。ヒトの筋肉の能力を拡張する道具、機械、テクノロジーが主役だ。機械とテクノロジーのおかげで、できることが格段に拡がった。それは想像以上の繁栄をもたらした。高品質で低価格、しかもより価値ある製品が人々の手にもたらされるようになった。

工業化社会は「大」を価値の主軸に置く経済を求めた。そして「大」の組織を——大企業を——必要とした。成功と規模の大きさはコインの表と裏で互いに求め合った。デトロイトの自動車産業黎明期には500社以上のメーカーがひしめきあったが、現在残っているのはわずか3社である。

あれも、これもと欲しいものだらけの子どもも、いつかは成熟し大人になる。脱工業化経済を考えるとき、ここでいう「大人」に似てはいまいか。大人、つまるところ成熟しているのだ。

道路、橋、空港など、社会インフラは整っている。社会だけではなく、ぼくたちの家庭にもモノは揃っている。自家用車、テレビ、自動ガレージ開閉装置まである。

ただ、国民誰もが無条件に満足している、というわけではないし、富の配分も不平等だ。しかし、それらを横に置くなら、概してアメリカ社会は物質的な面で満たされているといえる。もはや昔のように鉄、石炭、石油、電化製品に爆発的な需要があるわけではない。大陸をまたぐハイウェイはいまあるもので十分だ。テレビもこれ以上いらない。アメリカの家庭にはすでに1億4000万台ある。

誤解しないでほしいが、国として成長しなくていいと言っているのではない。成長は必要だが、別のやり方で成長するべきなのだ。規模がこれ以上大きくなる必要はないし、望むべきでもない。規模の大きさはもう十分だ。その意味で、工業化社会は自らの成功の犠牲者といえる。

ぼくたちの経済はもはや規模では大きくならない。規模の大きさではなく、より特別に、より多様に、より個人のニーズや欲求にマッチしたものとなるはずだ。ぼくたちが慣れ親しんできた経済は、ぼくの言葉で言うなら「情報化経済」に取って代わられたのだ。

ぼくの辞書では、「情報を与える」は「ある特定の品質と価値を強い思いを持って伝え、インスパイアする」という意味だ。つまり「情報」とは、単なるデータでも、テレコミュニケーションでも、コンピュータ・ネットワークでもない。たしかにある意味ではそうかもしれないが、同時に情報を価値あるものにしているのはそこへ加えられた知識なのである。具体的には、デザイン、職人芸やアートな技、実用性、耐久性……そう、製品がより役に立ち、長持ちし、修理しやすく、より軽量で、より丈夫に、より省エネにつながること。だからこそ情報が、何より重要になったのである。

GMのシボレーは米国産のホンダより十数倍修理費用がかかる。これはどういうことかというと、デザイン、クルマ作りの技量、そして品質の情報量が圧倒的にホンダのほうが上回っているからである。

ホンダがアメリカに進出した当時はスモールビジネスだった。こんにちのような大企業に成長できたのは、ホンダが大きいクルマを作ったからでも、付属装置をたんまり装備したからでもない。クルマを「情報」化したからなのである。

スモールビジネスはみなホンダのような可能性を秘めている。なぜなら、大企業、政府、労働組合、学校といった、いわゆる大組織には、「商品を情報化する」という発想がないからだ。

家庭用品の分野に例を見てみよう。シカゴを発祥の地とするクレート&バレル(Crate &

Barrel）は、百貨店チェーンを向こうに回して健闘している。全米ナンバーワンの大きさの家庭用品店というわけではないが、単位床面積あたりの売上高はトップ。これは業界で広く認知されている。

同社の「情報」のどこに繁盛の秘密があるのか。1962年創業以来蓄積したノウハウに裏打ちされた商品買い付け、魅力的な商品ディスプレイ、他社の追随を許さない社員研修プログラム、訓練された店頭スタッフ、素晴らしい商品。会計カウンター上部に掲示されている新着商品リストも、いかにもクレート&バレルらしい雰囲気の演出に一役買っている。よく立ち寄る行きつけの店にしている贔屓客がいるし、商品配送は納期に正確だ。[※5]これらすべての「情報」が、クレート&バレルの繁盛を支えているのである。

セレスティアル・シーズニングス（Celestial Seasonings）は、縮小しつつあるティー・ビジネスを「癒やし系」ティーによって再活性化させた。想像力豊かなレシピ、目を惹くパッケージの図柄。ティーボックスに印刷されている詩、諺（ことわざ）、哲学的表現は顧客の感情へダイレクトに訴えかけ、ムードを高める。セレスティアル・シーズニングスの「情報」は、ティー愛好家の健康志向をくすぐる。まさに顧客の欲求にマッチした情報である。パッケージの広告は財布のひもをゆるめるためではなく、顧客のハートを開くことを目的としている。

デビーとランディ・フィールズがミセス・フィールズ・チョコレート・チッパリー（Mrs. Fields Chocolate Chippery）を創業したとき、競争相手は、古びて硬くなり味のしないクッキーだった。当時のアメリカ人にとってのクッキーとは、そういうものだった。フィールズのレシピは、バター、最高級チョコレート、砂糖、そして、それらを固めるための少々の小麦粉。デビーは一号店で自らクッキーを焼き、自ら販売した。歩道に出て無料サンプルを配った。ミセス・フィールズ・クッキーの「情報」は品質の確かな材料と、惜しみなくふんだんに使われているチョコレート、新鮮さ、顧客への関心だ。[※6]

テクノロジーは、情報化経済においてはマイクロプロセッサ、コンピュータ、遺伝子工学、ロボット工学へと姿を変えている。この分野は変わりつつある経済を表現するものとして華やかにマスコミの見出しを飾ることが多いが、GNP（国民総生産）に占める比率は大きくない。経済の大半は情報含有量の濃いイノベーションと起業家精神によって支えられている。アウトドア用衣料やグッズを扱うパタゴニアのようなビジネスであろうと、エスプリのようなアパレルであろうと、ディーゼル・エンジンの製造販売であろうと、市場は情報含有量の多い商品に大きく開かれているのである。

規模はもはや優位性にはならない

工業化社会における統制の取れた中央集権の製造プロセスは、規模の大きさを必要とした。そしてこの規模の大きさは、同時に画一性を求めた。マス・マーケットの誕生である。

ある本によれば、工業化社会の始まりは次のようなものだった。

ある職工が、ふと気づいた。もう羊を飼う必要はない。糸なら買えばいい。おかげで職工は土地に拘束されることなく、織物の生産に没頭できるようになった。

近代の工業化というものは社会全体が同じ製品を求めること、少なくとも、買いたいという誘惑に駆られることがその出発点である。そのため、近代企業は生産手段の標準化のために生まれたといえる。企業の持つ窮屈な制限やしきたり、官僚制、マーケティング・スキーム（計画）はすべて、均一の商品を大量に生産する目的に由来する。消費者サービスの低下は、ひとえに「顧客は企業の都合に従うべきである。逆ではない」という企業サイドの思いが原因だ。

こんにちのマス・マーケットと大量生産からの移行の流れは、万人に受け入れられるビジネスが難しくなったということを意味する。これまでと違い、ワンサイズで全員を満足させることはできない。個々の製品・サービスごとに明確な違いが必要だ。

グレゴリー・ベイトソンはかつて、情報を構成する主要な要素を「違いを作る違い」と定義した。商品を、物質的なモノではなく、含有する情報量が重視される経済においては、製品やサービスを製造したり顧客の元に届けたりするのに、いかにして「違い」を創造できるかが成功への鍵となる。

この傾向はスモールビジネスにとって有利だ。少なくとも、機敏で、かゆいところに手が届き、市場の声に耳を傾けて即座に対応できるビジネスが競争優位に立つことは間違いない。

起業家はフットワークが軽いので、よりたやすく高度に情報化された製品を生み出すことができる。この情報が品質そのものなのだ。スモールビジネスは素早く考え、高速で変わることができる。社内コミュニケーションも良好だ。おかげで、自社の製品・サービスを、より小さなターゲット市場に向けて仕立てることができる。

ビジネスをやるからにはお金を儲けなければならないが、何より優先するべきなのは、人が

「欲しい」と思う製品・サービスを提供することだ。想像力と創造性が、これまで工業化社会で定石の「競合相手を打ちのめす攻撃性」よりも必要性を増している。

大企業は自らのビジネス体質を、マス・マーケット相手から、情報化社会相手へとギアチェンジするのに遅れを取った。理由は、ギアチェンジに必要なものを「買う」ことができなかったからである。お得意の金でカタをつけることができなかったのだ。

マス・マーケット相手の製品・サービスの場合は、要素分解し、一つひとつを単位あたりのコストへと数量化できた。このやり方は大企業の風土にマッチした。しかし、企業目標が、情報を重視し、社員がデザイン・マインドにあふれ、より良い製品作りに努力を惜しまず、環境への配慮もするという方向にギアチェンジすると、社員の経営への積極的な参加やアイデアによる貢献が求められる。こうなると工場、機械、ライセンスといったもののときのように、ゼニカネで解決できるものではなくなるのだ。

数年前のことだ。さる大手シンクタンクに勤務する友人が、大手焼き菓子メーカーのコンサルティングをした。依頼内容は次のようなものだ。

「より軽く、健康的な食品、すなわち、塩分、油脂、砂糖、いずれも少なめという好みは一時的な流行か、それともほんものか」

ほんものです。数か月後、友人は報告書でそう結論した。人々は本当により気持ち良い暮らしを求め、より長生きしたいと願っています。

報告を受けたくだんの会社は現在もまだこの新しく仕入れた知識をいかに商品化するかを検討中である。大企業だからこういう悠長な時間もお金もある。のんびり会議をしている間にもキャッシュを稼ぎ出してくれる製品群や有名なブランドを持っているのだからいい気なものだ。

起業家はそもそもコンサルティングを依頼する必要などない。自分の胃袋に相談すれば、答えはすぐ出る。行動するのに何の稟議も会議もいらない。

スモールビジネスは、大企業のレーダーの下をかいくぐって自分専用のニッチな市場を作り上げられる。P&Gにしてみれば、「たかが1000万ドルぽっちの小さい」市場のために自分の大きな図体を縮めて取り組む気になるはずがない。ぼくの会社スミス&ホーケンの今年の売上高は3000万ドルだ。スモールビジネスとしてはまずまずの大きさかもしれないが、それでもまだ、大企業が自分も手を出してみようという気になる規模には達していない。

大企業なら何もかもわかっていて答えもすべてお見通し、という誤った考えがはびこっている。実のところはその正反対なのに。

いいかい、大企業はただ大きい、というだけの話なんだ。それを忘れてはいけない。非効率的、非生産的、非革新的だ。いたずらに検討と会議を重ねるだけで、大企業はスモールビジネスの足元にも及ばない。

ゼネラル・エレクトリック・クレジット社T・K・クィン前会長がかつてこう言った。

「いまある家電のどれ一つとして、大企業が生み出したものはない。洗濯機、電子レンジ、ドライヤー、アイロン、電灯、冷蔵庫、ラジオ、トースター、換気扇、電気座布団、電気カミソリ、芝刈り機、冷凍庫、エアコン、電気掃除機、皿洗い機、ホットプレート」

エリュウホンのボストンの第一号店にふらりと立ち寄ってみた。会社は急速に成長まっしぐらの時期だ。某スーパーマーケットチェーンのお偉いさんたちが四人、店の床面積を測っていた。キャッシュレジスターの中身も見て、ノートにつけていた。要するに、床面積あたりの売上を出したいようだ。実はうちの店、食品業界では驚異的な金額を叩き出していた。お偉いさん直々に、わざわざお運びいただき、ご苦労さまです。

さる大手シリアルメーカーはわが社の関係会社の名前を広告スローガンに添え、自社のコーンフレークの市場地位を足固めしようとした。別のシリアルメーカーはぼくたちのロゴとパッケージ・デザインを借用し、ろくに挨拶もしなかった。大企業のやることなんて、しょせんこんなものだ。

組織における宿命的な体質は、「遅さ」。逃れられないほど体質化してしまっている。

昨今、企業内起業家精神をもてはやすのが流行りだ。これは現在の大企業のビジネスを再構築し、活性化するものとされているが、大組織の根っこにある「遅さ」を忘れている。

起業家精神は何よりもまず、静的に、止まった状況に変化を生み出す。変化に乏しく、「止まった」状況は、政府、大企業、教育機関など、いわゆる大きな組織に多く見られる。

本来、起業家的行動と組織的行動は共に必要なものだ。互いを補完し合う。起業家精神は変化を生み出す。組織的行動は変化を検証する。

この点について、ゼロックス・パロアルト研究所（ＰＡＲＣ）の事例を見てみよう。同研究所はゼロックスによって設立された、シリコンバレーの調査機関である。未来の情報アーキテクチャー（構造体）を見極める、そしてそれに基づいた未来のオフィスを発明することを目的とする。

スタンフォード大学の近くに位置するPARCは、当時芽生えたばかりのIT分野に集う俊英たちが続々吸い寄せられてくる魅力に満ちていた。1974年、PARCは最初のパソコン「ジ・アルト」を発明した。ラリー・テスラーと同僚はグラフィック・スクリーン、文字フォント、アイコン、重ねられるウィンドウ、ポップアップウィンドウ、お絵かきに使うペイントプログラム、そして、マウスを創り出した。あなたはいま、アップルコンピュータの有名なマッキントッシュを思い浮かべたかもしれない。でも、Macではない。Macになってもおかしくなかったのだが……。そう、いまからそのあたりの秘話を話そう。

スティーブ・ジョブズがゼロックスPARCを訪ねたのは1979年のこと。彼はアルト・コンピュータにマウスがついているのを目にした。ラリー・テスラーの言葉を借りれば、ジョブズは「何か叫びながら、部屋中を飛び跳ねて回った」。ジョブズは「どうしてこれで何かしないんだい?」と繰り返した。

つまり、こういう意味だ。「君が何かしないんだったら、ぼくがやってしまうぜ」

PARCスタッフの、パソコンを作って売り出そうという具申にもかかわらず、ニューヨーク州ロチェスターのゼロックス本社は、そんなリスクを冒すことはできないと突っぱねた。ゼロックスの重役たちにとって、ちっぽけなマシンごときに「賭ける」ことなどできなかった。自分たちのいる世界の「外」は、見えていなかった。

スティーブ・ジョブズにとって、そのＭａｃ風のマシンこそが賭けるべき対象だった。楽しく、幼稚園児からプロの作家まで、あらゆる人にとって使いやすく、みんなが欲しくなるコンピュータ。これが答えだった。ジョブズは人を見ていた。ゼロックス本社は組織を見ていた。仮にそのときゼロックスがマーケット・リサーチをしていたとしたら、まず間違いなくコンピュータの開発を控えるような結果が出たはずだ。当時コンピュータの「マス・マーケット」など存在していなかったのだから。しかし、そもそもそんなマーケットなど、存在し得たんだろうか？

人はコンピュータそのものを知らなかった。コンピュータと聞いて連想するのは、せいぜい宇宙ロケットのプログラムや航空機チケットの予約システムくらいだった。しかし、スティーブ・ジョブズには未来がくっきり見えていた。そのビジョンに沿って、やがて彼はＭａｃを創ったのである。

ここでしばらく経済を横に置いて、生物生態系、エコシステムをイメージしてほしい。二つの生態系が出会う場所――森林と平野のように――では、いずれの系にも属さない小さな場所がある。植物も動物も、独自の生態系になっている。境界地域である推移体（エコトーン、ecotone）では、そこでしか生きられない、既存の価値では規定できない辺境の種が生息している。動物の餌になるわけでも、朽ちた後、腐植土として森林の土壌に還るわけでもない。あたかも、二つのより大きな生態系から恩恵を受けているかのように生きている。

ところが、二つの生態系のうちの一つが突然、たとえば疫病の流行や気候の急速な変動などでダメージを被（こうむ）ったら、境界全域が生態系のバランスを保つような働きをする。

以上、本来はもっと長い話を単純化して述べた。大事なのは次のことだ。「変化、意味ある変化は常に辺境、境目から生まれる」

経済も同じだ。経済の革新は多くがカルチャーの境目からやってくる。起業家精神の発露によってもたらされる成長、ぼくはこれを「内なる差異化」と呼んでいる。ＭＩＴ（マサチューセッツ工科大学）のリサーチャー、デビッド・バーチは、大組織が小さくなることから連想して「原子化」と呼んでいる。

「フォーチュン５００」企業たちがタフな国際市場の中で石油、鉄鋼、車、コンピュータといった品目で厳しい戦いをしているのと同時に、他方ではますますスリムになり、より競争力を高めている人たちがいる。数百万ものスモールビジネスだ。彼らは、大企業からのスピンオフ(独立)、在宅ビジネス、専門サービス、小ぶりの商店、デザイン会社、独自技術を生かした専門下請け工場などだ。

この大と小の共存共栄こそが、経済と文化が健康を保つ秘訣になっている。いつの世にもスモールビジネスが新しく生まれる理由はまさにここにある。大企業は安定と画一性を基にするが、スモールビジネスは変化と差異が命だ。この変化の激しい世界において、大企業がスモールビジネスから学ぶことは多い。

「消費者」が消え、本当の意味の「顧客」が生まれ始めている

第二次世界大戦以前、ぼくたちは顧客であり、特定の商店のご贔屓客であり、おなじみさんだった。一人ひとり顔が見えていた。戦後の大量生産とマス・マーケティングの新時代を経て、それが顔の見えない、不特定多数の「消費者」になった。「消費」には、長期経済成長を支えるという意味も含まれていた。「世界の供給者」という、人も羨むほぼ独占状態の地位を築いた結果、米国のビジネスは人というものを忘れてしまった。顧客は成長と爆発のうねりの陰で

無視され続けた。これは1970年代まで続いた。企業は市場シェアをイノベーションではなく、広告で手に入れようとした。

奇妙な時代だった。しっかり吟味し、自分にとってベストの製品を買うという本来の買い物の姿が、あまり意味を持たなくなっていたのだから。理由はたくさんあった。実質賃金はうなぎ上りに増えた。製造原価も下がった。5年前に買った洗濯機や芝刈り機を修理するより新調するほうが安くなった。

だからぼくたちは消費した。「消費」は、使い尽くす、無駄使いする、破壊する、を意味する。消費という病。実際、「consumption（消費）」は「disease（病）」と語源が同じなのである。社会心理学者ヴァンス・パッカードの有名な言葉「浪費をつくり出す人々」に思い至るのは、決して偶然じゃない。

しかし、この流れも変わりつつある。そして変化は「底」から生まれている。決して「トップ」からではない。すなわち、企業ではなく、顧客が変化を起こし始めているのである。

こんにちの経済で、消費はもはや報われない。どのような指標を当てはめてみても、実質収入はここ数年下がりっぱなしだ。ぼくたちは「買い下げる」。つまり、下がった収入を補填するためにより安い商品を買う対抗策を取ることが可能だ。ところが現実にはどうなったか。アメリカ人のやったことは逆だ。「買い上げた」。実質収入に敏感になったがゆえに、ぼくたちは価値と品質を重視し始めたのだ。もはや買えればいい、使えればいい、という単なる「消費者」ではいられなくなったのである。

より良く、より長持ちする商品にお金を支払う。ヨーロッパ人や日本人の購買行動に似てきたといえる。彼の地の商品のほうをアメリカ製より好むのも驚くにあたらない。ぼくたちは生活のバーを上げた。より良いデザイン、よりちゃんとした顧客対応を求めるのは、ぼくたち顧客の正直な要求なのである。顧客が何を求めているのかを、販売前だけではなく、販売後もきちんとフォローし、手当てできる企業が好まれる。

現代の顧客は、自分のテイストをしっかり理解している。企業の言いなりにはならない。この新しい経済において、「どんな企業を推す」かは、「どんな対価をもらえるか」で決まる。対価のバリエーションは多様だ。どんなものがあるだろう。

サービスは「推し」のためのとても強いきっかけになり得る。サービスの質によって企業がどういう態度で自分に向き合っているのかを判断できる。商品に不具合があったと言ったとき、ひどい目に遭いたくない。いい対応をしてもらえば気持ちがいいし、その気持ちの良さはその後も長く続くものだ。

企業が顧客をどのように対応するのかという物語はそのまま、ぼくたちの大切なお金の使い道へのわかりやすい道しるべになる。たとえば、自動車メーカーが、「傘下にどれだけのディーラー拠点を持ち、何人のサービス担当者を常駐させているか」。メッセージだ。姿勢が見える。多くの顧客が、「急な加速でおかしい」と言ってもリコールに応じないメーカーがあったとする。これもメッセージだ。西海岸のノードストローム百貨店の有名な返品ポリシー（理由を問わず、笑顔ですぐに応じる）もまた、メッセージだ。

もはや青天井のイケイケドンドンな「消費」があり得ない現状で、顧客が「マイ・推し」企業を探すのは理の当然といえる。

スモールビジネスはこの点、有利だ。品質とサービスこそが得意技なのだから。

第4章

グッドアイデアだと思ったら時すでに遅し

If It’s a Good Idea,
It’s Too Late

「スミス&ホーケン」という園芸道具のメールオーダー通販会社のアイデアがいつ降りてきたのか、はっきりしない。しないが、たぶん、1997年の寒く、荒れた天候の日だったと思う。ぼくはテキサス州の大平原にいた。当時のぼくはまだフードビジネスをやっていた。全米37州にまたがる58の農家と契約し、4万エーカー（4896万坪）の土地を所有していた。ぼくの仕事は、作物の検査、農作業がきちんとなされているかの確認、契約交渉、そして何より、大切な農家との付き合いだ。

テキサスの3月、その日、ぼくはカール・ウィーラーの農場に、冬小麦がどれだけ湿気を帯びたかをチェックしに来ていた。カールとぼくはフェンスに沿って歩き、きれいに並んだ小さな芽を検査した。カールは杖代わりにショベルをついて歩いていた。そして時々土をひっくり返しては、水が出ていないか見るのだった。その土地での乾式農法はリスキーで、今年の冬小麦の出来は悪いようだ。土はどこも、作物には良くなさそうだった。

トラックに戻り、カールはショベルを荷台へ放り投げた。そこにはほかの道具が束ねられていた。大半が壊れていた。柄が折れたり刃が欠けたり。ぼくが道具を見ているのに気づいて、カールは「いつか直そうと思ってるんだ」と言った。そして、「アメリカの会社が昔みたいにいいものを作ってくれさえすれば、こんな面倒なことをしなくて済むのに」とつぶやいた。

帰りのトラックの車中、第二次世界大戦の後、アメリカの園芸道具会社がいかに退廃していったかについて40分のレクチャーを受けた。カールは企業合併、買収などの歴史に詳しかった。日付までしっかり覚えていた。長年考え続けてきたからだろう。最後の言葉がぼくの胸に刺さった。

「どうして企業は、揃いも揃ってぼくたちをバカにするんだろう」

トラックから降り、ぼくはあらためて山積みの壊れた道具を眺めた。熊手、鍬、たくさんのショベル、複式ショベル（ポストホールディガー。穴掘りに用いる）。柄はシャフトの根っこで折れてしまっている。これはつまり、材料のセイヨウトネリコの木をきちんと選定していないからだ。鍬は金属部分と柄の付け根がぶっ飛んでしまっていた。ショベルは見るも無残にアタマからシッポまでボキボキ折れていた。熊手の歯は好き勝手な向きに広がってしまっていた。複式ショベルの刃は一つの側がぺしゃんこになっていた。おそらく岩を打ってしまったのだろう。

2年後、ぼくは英国にいた。英国風庭園と植物園を視察する機会を得た。環境は豊かで、青々としていた。乾燥したテキサスとは大違いだ。

庭園は素晴らしいものだった。ガーデニングの技は舌を巻くほどで、これまで見たことのないほどの技量だった。日本さえ、霞むほどだ。植木屋が仕事をしている傍らで、彼らの使っている道具を観察してみた。鍬を持ち上げてみた。普段使い慣れた鍬のイメージよりなんだか重く感じた。斧のようにシャープな刃、使い込まれたその輝き。

鍬に見惚れていると、植木屋の一人が話しかけてきた。その鍬は、単なる鍬ではなかった。「彼の」鍬なのだ。彼はその鍬を20年使い込んでいる。ぼくは彼に、「これ、重くて疲れませんか？」と聞いた。微笑みながら彼は、「ちょっと使ってごらん」と言った。その間も、彼は溝を掘る手を休めなかった。ぼくは鍬仕事に夢中になった。その姿を横目で見て、彼は面白く思い始めたようだ。ランカシャー訛りで言った。

「道具に仕事をさせるんだ。そのために作られているんだからね」

彼は教えてくれた。鍬をそれ自体の重みを利用して使う方法。腕の延長として使う方法。身体の動かし方。彼の道具の使い方を見ていると、まるで大工のそれと同じだった。彼は父親が贔屓にしていた同じ金物屋から道具を買っていた。植木屋は技術をランカシャー・カレッジで4年間学んだ。その後見習いとして長く働いた。現在（いま）50代。もはやガーデニングに関する知識はすべて腹に入っている。自分のものにしている。誰もこの英国の植木屋をバカになんてできない。

米国に戻り、企業数社に、この英国の優れた道具を輸入したらどうかと提案した。大儲けになるとは思わないが、それでも求めている人はきっといる。そう思った。プロの植木屋なら、英国の植木屋と同じく品質に価値を認めるに決まっている。ところが、誰一人この話に乗ってこなかった。仕方ないから、ぼくは書く仕事に戻り、この話を忘れていた。

とはいえ、時に筆が止まることもある。息抜きはガーデニングだ。英国旅行以来、園芸道具店をひやかしたり、自宅の道具小屋をのぞいて、そこにひん曲がったスコップを発見したりするたび、なんでこうなっちゃうんだと、つい思うようになっていた。

1978年、ぼくはエコロジー・アクションの理事会に加わった。エコロジー・アクションというのは、カリフォルニア州パロアルトにある非営利団体で、米国で初めて街角リサイクル・プログラムを推進していた。エコロジー・アクションはガーデニングにも関心が強く、製薬会社シンテックス社から寄贈された土地内に5エーカー（約6000坪）のテスト・ガーデンを運営していた。人工肥料や割高な化学物質を使うことなく、収穫量を増やす農法はないものか模索していた。目標は、そのような新しい農法を開発し、発展途上国の人々が必須栄養素であるビタミンやミネラルを摂取できるようにしようというものだ。

プログラムのリーダー、ジョン＆ベッツィ・ジェイボンズ、そしてロビン・リーラーはスタンフォード大学近くに小さな店を開いた。活動資金に充てるためだ。店には種、本、そして驚いたことに、例の英国製プロ用ガーデニング道具が売られていた。

ぼくが理事会に参加してまもなく、道具の供給が止まった。アメリカの代理店が不思議な理由で店じまいしてしまったのだ。その店は、在庫一式をオハイオ川沿いに置いていた。そこは洪水頻度が高いエリアだった。あるときの洪水で、英国から輸入した園芸道具の在庫がすべて水浸しになり、近辺を漂流した。水が引いた後、くだんの代理店は商品を乾かして販売した。当然のことだが、道具は内側から錆が出て、クレームになった。水と一緒に商売も干上がってしまった。代理店が倒産したのはこういういきさつだ。

エコロジー・アクションはどこか仕入先が必要だった。そこでぼくは、小さな輸入部門を立ち上げてみては、と提案した。ブルドッグ・ツール・カンパニーに手紙を書き、商品に関心のあることを伝えた。返事を待った。

数か月が過ぎた。もう一度手紙を出した。返事はない。また数か月過ぎた。あやうく道具のことを忘れかけるところだった。どうして英国人は知らぬ顔をしているんだろう。ぼくたちの組織がちっぽけだからか。世間的には吹けば飛ぶような教育基金だからか。レターヘッドもないようなしょぼい便箋だからか。

9か月後に返事が来た。差出人はイアン・ホール。親会社から派遣されたデータプロセスの技術者で、彼が新任の輸出担当マネジャーだった。

イアンが着任した日、前任のマネジャーが捨てた手紙に気づいた。くずかごにあったのは、ぼくが最後に出した手紙だった。

「アメリカからはほかにも何件か問い合わせがある」前任者は言った。「返事はしてない。アメリカとの取引はもうごめんだ」

たしかにやっかいだった。オハイオ川の例の代理店は倒産し、商品の評判に傷をつけた。その前の代理店も倒産してしまっていた。おかげで英国の会社は15万ドルもの負債をかかえる始末。さらに、別のアメリカの会社から商標侵害で訴訟を起こされていた。


このような事情があったにもかかわらず、イアン・ホールはぼくの手紙を読み、返事をしてくれた。ぼくの経歴も調べたようだ。結局のところ商売になると見たらしい。問題は、ぼくがフルタイムでビジネスに時間を割けないことだった。書く仕事も大事だった。そこでぼくは、この輸入ビジネスを、これ以上できないくらい小さく始めた。古い倉庫の裏を使った。数人の献身的な投資家、そして、5歳の息子の手も借りながら。

この非営利会社を何と呼ぼう？　ファンダメンタル・ツールズ？　イングリッシュ・ツールズ？　ベーシック・ツールズ？　リアル・グッド・ツールズ？　インテンシブ・ツールズ？　どれもイマイチ、ピンとこない。ところが、名前のないことなど、その後に降りかかる問題に比べれば、何ということもないものだった。

顧問弁護士が、組織を「営利」にしないと、エコロジー・アクションの非課税扱いが危なくなると言う。ジョン・ジェイボンズはこれにはノーと言った。「エコロジー・アクションが活動によって収益を上げているなんて、誰からも思われたくない」ジョンの意見は的を射ていた。エコロジー・アクションは教育とリサーチのための組織であり、ジョンはあくまで学究の徒。法に触れることや金儲けのにおいのすることはまなじりを決して怒った。

この時点で、最初にイアン・ホールと接触してから数か月が過ぎていた。道具は発注済み、会社の受け入れ準備が整っていようといまいとお構いなしに、こっちへ向かっている。ぼくとしては注文をキャンセルしたくなかった。「またアメリカの会社かい」と英国人から鼻つまみ者よろしく言われるのはごめんだ。とはいえ、そうするためには、ぼくたちの会社を「普通に」する必要があった。株主などシェアホルダーがいて、資本金があって、事業計画がきちんと用意されているような。ぼくたちが当初望んだスタイルとはまったく違う。

会社を持ちたいと思う者は誰もいなかった。ジョン&ベッツイ・ジェイボンズは依然として、生まれたばかりの名無し会社とエコロジー・アクションとの間に、かけらほども不正のにおいがないか、目を光らせていた。株なんて、たとえ一株たりとも、御免こうむる。そんな姿勢だ。文字通り、誰一人としてこの会社のオーナーになろうという者はいなかった。ぼくはブルドッグ・ツール・カンパニーが、またアメリカのやくざな会社のおかげで商品を出荷したものの代金を回収できず焦げ付きを食らう夢想にさいなまれた。

その夜、ぼくはお風呂にこもった。5時間。給湯器のお湯が枯れたあとは、妻のアンナがケトルで熱々のお湯を運んでくれた。何回も。自分の陥っているこのジレンマをさっぱり洗い流したい。

結論が出た。シンプルで、率直だった。事の発端はぼくが英国の会社に手紙を出したことだ。ならば、ぼくが会社を起こすのが筋だ。

社名が必要だ。オリジナル・メンバー二人の名字を取った。スミス&ホーケン。いかにもアメリカっぽい社名になった。会社は成長を始めたが、当時はまだライターとしての仕事が中心だったので、ちょっとびびっていた。

しかし、考えてみれば、すべての始まりがテキサスのあの一日だったわけで、以来ずっと園芸道具はぼくの生活の中で重要な位置を占めていた。道具、ガーデニング、そして農業。そう考えてみれば、生まれたばかりのスミス&ホーケンは構想10年のコンセプトが具現化したものといえる。ぼくの関わったほかの会社も、同じく発端は奇妙かつ入り組んだ事情のもとで生まれている。いずれもぼくの人生と経験の深いところから芽を出したもので、「やむにやまれず駆り立てられて」始めたというものではない。

成功するビジネスはそういうもので、自然に導いてくれる。だからぼくは急がない。「何か」がじんわりと身体から染み出してくるまで、スローに待つ。そうしていると、やがて、つかみ取れる。

だからといって、のろのろ運転が起業の唯一の方法だと勧めているわけではない。わかってほしいのは、あなたが始めるビジネスのベスト・アイデアはあなたの奥深くにあるということだ。誰にも盗めない。なぜならそれはあなたオリジナルのものだから。誰か第三者がやろうとしても、アイデアの肝はあなたの――おそらく無意識の――底にある。うまくいくはずがないのである。小説を書くのと同じだ。良いビジネスと良い小説は生み出す本人を忠実に、ありのままに表出したものといえる。

このように、あなたがやって成功する可能性のあるビジネスは、複雑にあなたという存在そのものに織り込まれている。だから、すぐには表から見えるようにはならない。

ビジネスはあなたの人となりと、何を学び、何をなそうとしているかを拡大したものだ。いまのままではいけない、より改善したい、変えたい……自分の中にあるそれらの「思い」に耳を澄まそう。道具が壊れた。サービスがしょぼい。靴が痛い。こういう体験をすると、何か「思う」はずだ。出発点はその「思い」である。

イヴォン・シュイナードは１９５８年、カリフォルニア州ベンチュラでクライミング用具とアウトドア衣料のパタゴニアを始めた。一人で。

１回か２回のクライミングにしか持たない柔らかい鉄でできた輸入物の代わりに、「クローム・モリー（クローム・モリブデン）」という合金鋼を使用したピトン[※7]を提供する。従来品に比べ、より硬く、より強く、より長持ちする。

シュイナードは計画も、経営経験も、広告も、鍛造（たんぞう）の専門知識もないまま、パタゴニアを始めた。母から借りた８００ドルを元手に、納屋で自分の手を使って鍛造した。シュイナードは自らの経験と、厳しいクライミングの世界の要求に照らし、そもそもクライミングに必要な装備とはどういうものかを知識として持っていた。そしてこの自分の考えはクライミング界に支持されることを確信していた。

実はこのアイデアはクライミング中のみんなの鼻先に等しくぶら下がっていた。くんくん、鼻を利かせたのがシュイナード一人というわけだ。現在、パタゴニアは大企業に育っている。


素晴らしいビジネスアイデアが、最初から結論の形になって目の前に現れるわけではない。複雑な過程を経て、最後にまとまるのだ。「よし、ピトンの会社を始めるぞ」という風に。

アイデアは氷山の一角に過ぎない。氷山とはあなたの人生だ。アイデアを盗まれたからといって騒ぐことはない。誰もあなたの人生を盗めやしない。会うたびに自分の新しいアイデアを話し、「いいかい、誰にも言わないでくれよ」と警告する友人がいる。心配はご無用だ。


ぼくのお気に入りの創業物語は、ベン・コーエンとジェリー・グリーンフィールドの「普通ならあり得ない」話だ。

ベンとジェリーは中学の同級生。その日、陸上トラックを走るびりっけつ集団にいた。二人はお互い食べることが大好きとわかったが、体育の授業でいつも共に苦労させられる理由も、ほかならぬその食べることのせいだった。ベンとジェリーはクラスメイトが先に行くのには構わず、のびのびと最後尾を走りながら食べることへの愛を話し合った。

そして数年後。ソーシャルワーク（社会福祉）やアカデミア（大学や研究機関）の仕事を経た後、ベンとジェリーは二人のこれまでの生涯を通して育んだ食べ物への愛を、ビジネスで表現してみようと決めた。始めるにあたって、先行投資がいくら必要か調べた。結果、ベーグルとアイスクリームに絞った。ベーグルの機械がやや高かったので、アイスクリームを選び、5ドルの通信教育に申し込んだ。アイスクリームの作り方を学ぶためだ。その講座のテストは「何を見てもＯＫ」という方針だったので、ベンとジェリーは遠慮なくあちこち参照し、すべてのテストで満点を取って合格、ごきげんに卒業した。

ベンは気候の暖かい学生街がアイスクリームを売るのに最適だと考えた。地図帳を買い込み、ジェリーと見込みのありそうな街を研究し、実際に行ってみた。予想通り、暖かければ暖かいほど、街にはアイスクリーム屋が多かった。市場は混んでいた。あまりに混んでいるので、今度は逆に、北へ行ってみた。

ヴァーモント州バーリントン。そこにはバスキン・ロビンズ[※8]の店が1軒あるだけだった。

ベンとジェリーは8000ドルをかき集め、打ち捨てられたガソリンスタンドを安い家賃で借り、店をオープンした。これがベン＆ジェリーズ[※9]。1978年のことだ。

このアイスクリーム店は当たった。冬でも売れた。ベンとジェリーの唯一の望みは、自分たちの高級アイスクリームを一つでも多く売ること、それだけだ。二人の創造性豊かなフレーバーは、いまや押しも押されもせぬ大きなビジネスに育っている。

ビジネスアイデアというものは、一山当てるためにあるのではない。

不動産仲介業者が、街の南西に新しく空港が建設されるという極秘情報を入手したとする。彼は建設予定地を買い上げる。値上がりが期待できるからだ。たしかに彼は「ビジネスした」とは言えるかもしれない。しかし、この行為のどこを切っても、ビジネスアイデアが本来備えているべき想像力のかけらもない。

金融取引の多くは内密に事が運ぶ。極秘裏に進めることで利益が出るからだ。金融、投資、マーチャント・バンキング、不動産、そのほかの多くが秘密のうちに取引されている。エコノミストのロバート・ライヒは、この活動のことをペーパー・ドライバーならぬ「ペーパー起業家」と呼ぶ。何と呼ぶかはともかく、創造的なビジネスアイデアとは次の一点で、違う。

つまり、以下の何一つ、生み出さないのだ。新しい商品、新しい価値、リアルで実質的な経済成長。「ペーパー起業家」の世界に生きる人たちにとって、「なぜビジネスをするのか?」への回答はいつもたった一つ。「金儲け」。やることといえば、船の上のデッキチェアを並び替えることと何ら変わらない。世の中みんながこういった姑息で小手先のごまかし、いんちきを容認するようになったら、経済システムは生き生きとした生命力を失ってしまう。

昨今のMBAホルダーたちはこぞってウォールストリートに行きたがる。製造業は人気がない。この傾向に眉をひそめ、由々しき事態だと評論家たちは言っているようだが、ぼくは特に問題視していない。いつの世でも、第二のイヴォン・シュイナード、ベン・コーエン、ジェリー・グリーンフィールドの生まれる可能性はあるものだ。

良いアイデアというものは、初対面はもちろん、もう一度見直したときでもたいして良くは見えないものだ。だからあなたのビジネスアイデアがへんてこりんで、クレイジー、よくわからないものだったとしても、気にする必要はさらさらない。良いアイデアは子犬のように臆病で、無力で、見栄えも悪いものなのだ。

ジョージ・ギルダーは著書（The Spirit of Enterprise、邦訳『信念と腕力─限界を打破する企業家の精神』新潮社刊）の中で、こう言う。「起業家こそが世界のルール、神様の法を知っている」。起業家といえばあるとき突然キラリとインスピレーションが閃く天才を想像しがちだが、実際にはそんな人はいない。ビジネスアイデアは日常生活での何かへの強い興味、やみつきになっている何かから生まれるものだ。じっくり考え、自由に連想し、徹底的に調べ、夜遅くまでいじりまわす。

マクドナルド創業者レイ・クロックは、アメリカのファストフードの未来を、あるハンバーガースタンドに発見した。その店は当時彼が販売して回っていたミルクセーキ・ミキサーの上得意だった。どうしてこんなにミキサーがいるんだろう。繁盛店だから。では、どうしてこのマクドナルド兄弟の店が南カリフォルニアで一番人気なのだろう。クロックはティーンエージャーたちに交じって、駐車場をうろつき回った。

もっと有名なアメリカのビジネスヒーローといえば、アップルのスティーブ・ジョブズがいる。しかし、よく調べてみると、アップル創業の頃のジョブズ（も、スティーブン・ウォズニアックも）はとても天才と呼べるものではないことがわかる。

二人はジョブズの親のガレージに集まり、最初のホームコンピュータを発明しようとしていた。それまでのジョブズは会社を転々と渡り歩いていた。インドからオレゴンのコミューン（生活共同体）まで、あちこちを放浪した。就職したアタリ社の同僚とはうまくいってなかった。

そもそも、ジョブズは自分がシリコンバレーで愛されるキャラとは思っていなかった。ウォズニアックはヒューレット・パッカードで働いていた。自分でデザインしたホームコンピュータの回路設計に何か月も悪戦苦闘していた。完成したマシンを販売するなどという考えは夢にも浮かばなかった。

たしかに天才だったかもしれないが、ジョブズもウォズニアックもコンピュータを作るためのショップを開こうなど思いもしなかった。二人が最初に考えたことは、ありきたりの部品でこしらえたサーキットボード（基盤）をコンピュータオタクに売ることだ。オタクたちはそれを使って自家製コンピュータを作る。ウォズニアックは長くボードをデザインしていて、回路を無料で配っていた。ジョブズにはもっといい考えがあった。タダで配るのではなく、売るのだ。

サーキットボードを１００枚売りたい。そう願った二人は友人のポール・テレルを呼んだ。ポールはカリフォルニア州マウンテンビューでコンピュータ・ショップのはしり、ザ・バイト・ショップをやっていた。テレルは話を聞いたが、ボードには興味を示さなかった。

「それより、そのボードでコンピュータを完成させなよ。50台、まとめて買うぜ。一台５００から６００ドルで売るんだ」

ジョブズはコンピュータを店に持ってきた。売れない。かんばしくない売れ行きに、ジョブズは自分のビジネスの未来に暗雲が立ち込めるのを感じた。いっそ日本の寺に入って仏教を勉強しようかとさえ真剣に考えた。そもそもビジネスの世界に行きたいのか、自分でもわからなくなっていた。

このように、良いアイデアの初速は遅いものだ。何か良いアイデアが浮かんだら、友人に話してみるといい。「素晴らしい」と返ったら、きっとトラブルに見舞われるだろう。話した相手みんなが「抜群だね！」と反応したら、時すでに遅し。ほかの誰かが手をつけている。友人がわけのわからない顔をして肩をすくめたりすれば、OK、見込み大だ。クスクス笑ったり、大笑いされたら、そのアイデアに「何か」ある証拠だ。少なくとも新しい。現在流布している常識や市場の論理を否定するものかもしれない。一方で、ブレイクスルーを生み出したり、「当たり前」とされている与件を再評価するきっかけになる可能性がある。アップル・コンピュータ一号機への市場からの冷たい反応の理由は、これだ。

そうはいうものの、あまりにもオリジナルなアイデアは往々にして実行に移すのが難しい。いまある市場のあまりにも遥か先を走ることになる。自分の後を追ってくる人のために調査研究をしてしまう羽目になる。そのいい例がゼロックスPARC（第3章参照）のアルト・コンピュータだ。１９７５年の時点で、誰がゼロックスのパソコンが受け入れられるかどうかなんて予想できただろう？　たぶん数年早すぎたのだ。でもこれも後知恵。市場第一号は決定的な優位性を持てるが、あなたはステージにあまりに早く放り出されることになる。

成功につながる革新的なビジネスアイデアは、あなたの鼻先にある。自宅、オフィス、ガレージ、庭……。あまりに身近で、多くの人は気づかない。でも、あなたにとっては喉に刺さった小骨のように気になって仕方ない。そしてあなたは自分のアイデアというレンズを通して世界を眺め始める。

ニューヨークのオールド・ニューヨーク・ブリューイングとか、バンクーバーのグランヴィル・ブルワリーといった小さい醸造所を始めようとするなら、ビジネスを始める前に、まず、ビール漬けの何年かを過ごす必要がある。何ダースも、何百杯ものビールを実際に飲んで、味を、ブランドを、輸入元を、そしてビール市場というものを身体で学ぶのだ。友人に、お気に入りの醸造所を教えてもらう。ちょっとした市場調査だが、あくまで直観、主観で感じる。こうしているうちに、あなたはアイデアと自分というものが溶け合っていくのを感じるはずだ。

ニューアムステルダム・ビア製造元オールド・ニューヨーク・ブリューイング社の創業者、マシュー・ライイヒはちょうどそのようにした。実のところ、マシューはビールの前はワインの専門家だった。ワインビジネスを始めてもよかったのだが、マシューはニューヨークに住み、そこで働きたかった。ワインを造る代わりにビールにした。東海岸ではビールのほうがより冒険とも言えたのだが、彼はプレミアム・ビールに賭けた。この意思決定の後、マシューはワインにしたのと同じ勤勉さでビールについて勉強を始めた。サンフランシスコの醸造専門学校に通った。ブルーマスター（ビール職人）とあれこれ調べて回った。自分自身が納得のいくまで調査にたっぷり2年かけた後、ようやくビジネスのドアを開けた。

開店のドアを開ける遥か前から、あなたのビジネスはすでに始まっているのである。大きな企業があなたよりうまく市場調査できるというのなら、なぜ食品会社が数千もの新製品を毎年出すのに、翌年もスーパーマーケットの棚に残っているのがわずかなのか。

あなたに食品への情熱があり、かつ不満を持っているのであれば、著名な大企業より大きなチャンスを手にしているといえる。

チャンスはたっぷりある。生活者は本質的に満足していないのだ。ぼくのビジネスは自らが一人の客として、自分の買いたいものがないことへの不満から始まった。あなたのビジネスにも同じ可能性がある。

決して競合を打ち負かそうとしてはいけない。競合ができない何かを顧客に提供するのだ。競合をやっつけるために時間とエネルギーを費やすのは無駄だ。あなたにとってはライバルかもしれないが、顧客にはまったく関係ないのだから。

カール・シュミット（訳注：カリフォルニア州パロアルトのユニバーシティ・ナショナル・バンク・アンド・トラスト・カンパニー創業者）が、ほかの銀行家との会合に一切顔を出さなかった理由はこれである。ほかの銀行家にとっては当たり前の風習だったのだが、シュミットのエネルギーはただひたすら、顧客に対してだけ向けられている。

当たり前のことだが、あなたのビジネスはあなたのためだけではなく、顧客のためにある。よって、すでに市場が確立されていて、顧客がみんな満足している場合、参入には十分注意しよう。

ぼくが住んでいる街は、成長が著しいというわけではないのだが、食料品店が3軒ある。チェーン店、単独でやっている店、小さいが、特定の品についてフルサービスする店。いずれも良い店で、顧客に好かれている。ぼくの友人たちもたいていこの三つを利用している。これまでこの街の食料品店ビジネスに参入しようとする企業はあったが、みんな失敗した。この次どこかがトライしてもきっとうまくいかないだろう。

市場を「制覇」なんてできない。

そもそも、ビジネスを戦争になぞらえる考え方に洗脳されてはいけない。人はゴリ押しのセールスなど好まないものだ。質のいいアイデアなら、弁舌爽やかな名演説も要らないし、売らんかな、売れれば勝ちの商業主義など必要としないものだ。そしてそもそも、このようなテクニック頼みの販売をしなければならないようなビジネスなら、苦労してオーナーになるに値しない。

良いビジネスアイデアというものは、常に人のそばにあるが、でも、人が気づかない何かを提供してくれるものだ。起業家はその「何か」に目をつけ、提供する。そこで初めて顧客が財布のひもをゆるめてくれるのである。

もう一つ、忠告を。

ビジネスを二つ始めないことだ。

アイデアというものは一つで十分。それを軌道に乗せるだけでも大変な労力が必要なものだ。一つに集中しよう。一つをやり遂げて初めて、次の新しいことに着手できる。

子どもが学ぶように学ぼう。ビジネスの成長の仕方は、そういうものなのだ。たとえば、ある人が小説を書き、それを自分専用の印刷物を発刊してそこに掲載する。二つのビジネスを始めることになる。牛を育てるために牧場を買い、同時に精肉店を開店しようとするなら、この場合も二つだ。まずは牧場経営に集中し、地歩を固めるほうが、成功のチャンスは高まる。肉の小売ビジネスはそれからでも遅くない。

友人は海洋生物学者であり、腕の立つ船乗りであり、優秀なエコロジストだ。これまでのキャリアの大半を、学究の世界で過ごしてきた。

そんな彼が、ある日、ビジネスプランを持ってきた。軽量でかなり安価なボートで、帆の力で動く。海路輸送に使う。通常なら常時吹いている貿易風をうまく乗りこなす技が必要なのだが、船体と帆の革新的な設計のおかげで、安易に航路を世界へ広げることが可能という。さらに、外洋の藻やプランクトンを集めて医薬品にできる。海で獲った魚は氷で冷蔵され、広く販売できる。そして最後、ボートにはより小型の姉妹船がある。リモートコントロールできるので、貧しい国の海岸沿いに住む住民が魚を捕まえることで食料にでき、収入源にもなり得る。

さて。このプランには少なくとも六つのビジネスが含まれている。ボートのデザイン、ボートの建造、貨物の輸送、医薬品製造、漁業、発展途上国における小型漁船のマーケティング。一つひとつのビジネスはどれもきわめて実験的であり、革新的なものだ。すごいビジネスプランである。ただし、実現不可能だ。どんなに努力しても、このビジネスは離陸しないだろう。

大企業であっても、同時に二つのビジネスに手を出すことには気をつけなければならない。コングロマリット（巨大複合企業、財閥）も実際に苦労している。ある大手化学メーカーなど、レストランや石油ビジネス、さらにはスポーツ用品にまで手を出した。その多くはすでに売却されたり、躓いている。

ぼくたちがスミス&ホーケンでカタログ通販を始めたとき、あちこちの企業から、通販で扱っている商品を卸してもらえないかと依頼が殺到した。当時のぼくたちは現金が欲しい時期だったので、誘惑に負けた。しかし、すぐに撤回、以降二度と卸はしていない。理由は二つ。

第一に、カタログ通販の顧客は何かユニークな商品を求める（スミス&ホーケンは扱い商品の大半が独占輸入業者だった）。一般的に言って、地元の店で買えるのであれば、わざわざカタログ通販など利用しない（パタゴニアは例外。同社のカタログのほぼすべてのアイテムが小売店でも買える。とはいえ、小売店がすべて取り揃えている、というわけではない）。

第二に、スミス&ホーケンはサービスを要としている。完璧に満足していただくために、お客様とダイレクトに接触することを大切にしている。小売店に販売を任せると、お客様との接触体験がコントロールできなくなる。

とはいえ、時に応じてビジネスの目指すものを変えてはいけない、と言っているわけではない。十分あり得ることだ。小売が卸に、製造が小売に、サービスが販売に、業態転換することは「あり」だ。ただ、これがOKなのは、市場が求めている場合と、転換する前のビジネス基盤がしっかりしている場合に限られる。

この、「市場の許可（permission、第8章参照）」は、お客様のデリケートな感情に根ざした絆であり、「そんなのあって当たり前」などと考えることのできるものではない。この絆は築くのは難しく、壊れるのは簡単だ。用心しよう。

ビジネスアイデアの大半はくずかご行きだ。

あなたが素晴らしいアイデアを着想する頻度が1週間に1回だろうが、あるいは7年に1回だろうが、世界中のライバルたちが成功するビジネスのネタを情け容赦なく探し回っている。それこそ重箱の隅をつつく勢いで。

こんな方法がある。昔ながらのよくあるビジネスに違う衣を着せてみるのだ。事例で話そう。

失われたものを再び創造して取り戻す

ある取材で、「次やるとすればどんなビジネスを?」と聞かれたので、「銀行」と答えた。あなたがどう思っているかわからないが、少なくともぼくは、行き届いたサービスを提供してくれる大きな銀行を知らない。同じ窓口担当が3か月以上いた試しがないし、心の底からぼくのことを信用してくれる銀行マンにお目にかかったことがない。

7年前、カール・シュミットはユニバーシティ・ナショナル・バンク(UNB)をパロアルトで開業した。

UNBで口座を開くためには、すでに口座を持っている顧客からの推薦が条件だ。あるいは、徹底的な信用調査を受ける必要がある。ただし、一回この洗礼を受けて口座を開設したのちは、高い信用を勝ち取ることができる。通常、銀行から電話がくるのは小切手が不渡りを出してしまったときくらいだが、UNBはこまめに連絡をしてくれる。行内のテーブルの上にあるペンは鎖でつながっていない。ロビーでは無料の靴磨きサービスが受けられるし、トイレは快適。

夏にはワラワラスイートオニオンと呼ばれる、辛味がまったくなく、とっても甘くてジューシーな玉ねぎが配られる。もちろん、無料だ。時期がきたら「玉ねぎが届いてますよー」と電話連絡が入る。行員は顧客の顔と名前を覚えている。顧客は顧客で時に行員にちょっとしたプレゼントをあげたり、何かと相談に乗ってもらっている。離職率はごくわずかだ。

さて、カール・シュミットがしたことは取り立てて新しいことではない。失われた何かを再創造しただけだ。すなわち、顧客のことを知っている銀行。

スミス&ホーケンの旗揚げ時、ぼくはこう宣言した。

「当社は英国スタイルの園芸道具を北米の園芸愛好家向けに提供する。手で鍛造された短い柄の鍬と熊手、北米ではあまりまだなじみのない商品ラインだ。現在の金物店や園芸店の流通システムはコスト高かつ非効率だから、直販でカタログ販売する」

アメリカ人は鍬や熊手を庭仕事に使わない。ショベルを好む。ぼくたちが売るのは短い柄だが、アメリカ人は長い柄が好みだ。彼らは価格が安くて大量生産され、かつ寿命の短い道具に慣れきってしまっていた。スミス&ホーケンの商品はどれも長持ちする。一生モノと言っていい。

……とはいえ、このビジネスプランがうまくいく証拠なんてものは、かけらもなかった。スミス&ホーケンがビジネスとして成り立ち、ましてや成長できるなんてものを証明できなかった。それどころか、先行して同じような園芸道具の販売を始めた2社は倒産してしまっていた。そのうちの1社、ブルドッグ社は商標の訴訟で、敗れていた。法的には相手の会社が自分では使う気もないのに「ブルドッグ」商標を持っていた。

最も重要な点は、アメリカの園芸愛好家たちが英国スタイルの園芸道具に興味を持ってくれるという何の証拠もなかったことだ。ウィルキンソン、スピアー&ジャクソン、ジェックス&カテル、スタンリーといった英国の企業が北米市場に進出しようと試みたが、いずれも失敗していた。そのうちの1社など、倉庫を建設さえした。別の会社は米国の園芸道具会社を買収した。結果は出なかった。

さらに、これまでどの会社も園芸道具のカタログ通販で成功した試しがなかった。うまくいったのは、わずかに種や球根、苗といった商品だった。金物店やガーデンセンターで買うことが当たり前の人たちに、どうやればカタログ通販で買おうという気にさせられるだろう。「実際に道具を持ち上げたり手触りを感じたりしてから買いたい」。園芸道具を買う人はそう思っているはずだ。

市場調査がゼロックスの重役たちに「家庭用コンピュータを無視せよ」という意思決定へお墨付きを与えたように、このときもしぼくが市場調査をやっていたら、「そんなのはやめて、元の書く仕事で生計を立て給え」とアドバイスされたはずだ。

ラッキーなことに、ぼくは市場調査するだけのお金を持ち合わせていなかった。

スミス&ホーケンは、その分野で失われた何かを根っこにして創業した。だから顧客から支持され、成長できた。良質の道具は、開拓時代から第二次世界大戦までは生活の一部だったのである。失われたものにも、いまだニーズはあるのだ。

「ありふれ」に違う光を当て、育ててみよう

日常の中にある、つまらない、取るに足りない類の商品に違う角度から光を当て、生き返らせてみよう。たとえば、ハンバーガー。この世の中、どうしてこうもひどいハンバーガーがはびこっているんだろう。適切なレシピと、新鮮なフライドオニオンがあれば、行列のできるハンバーガーショップを作るなんてわけないはずだ。言い換えると、商品にまとわりついている余分なものを削ぎ落として、「本質」を浮き彫りにするのである。

1970年代半ばのことだ。ラッツアリ・フューエル社（サンフランシスコ）のコンサルティングをした。同社はメスキート炭（メスキートと呼ばれる木材から作られる一種の木炭）の市場拡大に奮闘するも、芳しい成果は得ていなかった。燃料として販売していたのだ。

しかし、メスキート炭は、ただの燃料以上のものだ。1700度まで加熱できる。通常のチャーコール・ブリケット（成形された炭）なら700度だ。だから時間をかけず一気に肉を焼ける。風味を損なわず、かつ、メスキート独特の香りを加えることができる。

そこでぼくはラッツアリ社に、パッケージを変えることで、ありふれたほかの燃料と差別化することをアドバイスした。メスキート炭を、燃料ではなく、調味料として売る。

ラッツアリ社はメスキート炭を調味料として販売した第一号になった。大繁盛した。

韓国系移民たちがニューヨークでやったのは、ビルのコーナーの八百屋を引き継ぐことだった。既存店のオーナーたちはやる気を失ってしまっていた。韓国人たちは新鮮で魅力的なディスプレイにし、品質が良く、お手頃価格で提供する店へと模様替えした。

スミス&ホーケンはどうか。創業期に扱っていた商品はいずれもあまりにありふれたもので、ほかの会社（卸やメーカー）は無視するか、まじめに考えていないものばかりだった。手で使う道具は死んだ、あるいはほとんど成長の見込みのない市場だ。熊手や鍬、スコップはあまりにも平凡で、誰の興味も惹かない。そこでぼくたちは、それらの道具の形、重さ、デザイン、使い方についての説明から始めた。カタログに道具の由来（いかにして、誰によって発明されたのか）を掲載した。スチール（鋼）製の熊手や鍬は輸入元の英国で発明されたものだから簡単だった。魅力的で面白い情報を提供することができたら、自分たちの売っている道具とほかとの違いや素晴らしさがきっとわかってもらえる。そう信じていた。

OKラインを引き上げろ

競合を意識する必要はない。商品やビジネスの仕組みを念入りに観察する。競合ではなくあくまで顧客の視点から、「この点は改善できる」と思うリストをすべて書き出してみよう。この実行の積み重ねによって、毎年ビジネスのOKラインのバーを引き上げることが可能になる。

あなたはOKラインを上げる人になるべきであって、後から追いかける人になってはいけない。競合の後追いをビジネスの出発点にすると、努力のすべてが競合のすることへ集中することになる。わが道を行く戦略はこうだ。一つの指標（ザ・スタンダード）を設定し、未来を見据える。そして創造のエネルギーすべてを新たな成長に投入する。

毎日の生活の中で、ＯＫラインが引き上げられた事例はいくらでも見つけることができる。たとえばレストラン。いまどきの食事は新鮮でなければならない。冷凍ものでも、電子レンジでチンでも、調理済みのものでも、ダメだ。通信販売の世界で、フリーダイヤルの電話番号のない店はない。ドミノ・ピザが宅配を始めたことでＯＫラインを上げた。おかげでピザ屋はみな、宅配することが当たり前になった。

スミス&ホーケンでは保証制度ＯＫラインを上げた。うちの商品は、従来品と比較して価格が20～30パーセント高い。しかし、既存商品がすぐ壊れてしまうことを思えば、長持ちするので、コストというより投資といえる。手作業の道具は、これまでの業界常識では、使い捨てが当たり前だった。もちろん、製品保証などない。スミス&ホーケンは無期限の保証をした。無条件保証をし続けた結果、ぼくたちは最も低コストの提供者となった。

また、ぼくたちはサービス面でもＯＫラインを引き上げた。ほかのカタログ業者たちだけではなく地元金物店も競合だとわかっていたので、できる限りのサービスを心がけた。注文はすべて24時間以内に発送した。顧客の玄関まで届けたし、不良品が出た場合も、同じく玄関まで取りにうかがった。

ビジネスの奥底にある可能性を開く

仮に片方を「なし」にしたらもう一方が良くなるような、二つの互いに関連し合うビジネスを見つけてみよう。

チャック・ウィリアムズが「ウィリアムズ・ソノマ」を、まさにこのやり方で始めた。20年前、料理道具は金物店か百貨店で買うものだった。ウィリアムズ・ソノマは創業の頃、良質の料理道具「も」置く金物店っぽい顔をしていた。やがて金物類の扱いをやめ、料理道具オンリーにした。コピー業者が多く出たが、いまやウィリアムズ・ソノマはその世界で追随を許さないリーダーとして君臨している。

スミス&ホーケンも同様の戦略をとった。園芸店は道具、備品、書籍、装飾品などを重要視していなかった。特にぼくたちが市場参入する直前など、園芸店はあたかもファストフード店のようなマインドになってしまっていた。たとえばこんな具合だ。植物をモノのように扱い、植物の色を「売り」にしたりしていたのである。「今年の流行色はこれ」みたいなノリで。これだと毎年植物を変えなければならない。園芸ビジネスにおける「丈夫で長持ち」という側面がなおざりにされたのである。商品に注ぐ努力も、顧客に注ぐ情報やアドバイスもお寒い限り。

そこでぼくたちは園芸ビジネスの池で泳ぐ醜いアヒルの子を抱き上げ、面白いものに変えたのである。1ダースもの国々を訪ね、道具、テラコッタ（粘土を成形して乾かし、その後高温で焼いたもの）、書籍、器具、機械、機器など、庭を楽しく、働きやすく、目にも楽しいものに変えてくれる商品たちを探し歩いた。やがて園芸店から、ぼくたちの商品を扱わせてほしいとの依頼が何百とくるようになった。当然のことだよね。

古びたビジネスのお色直し

ビジネスも、古い家のように、時に一部が剥がれ落ちたりする。こうなる理由は、ある種のビジネスが成熟し、成長の見込みがなくなったから。あるいは、大きな全国チェーン店やディスカウント店の進出で脇に追いやられたとき。商品ラインがあまりにありふれた平凡なものになったとき。

ダイナーやドライブインといった業種は60年代、70年代の遺物であり、アナクロニズムの権化だ。ファストフードやコンビニに追いやられてしまった。ところがまた復活した。車まで注文を聞きに来てくれるスタッフ（カーホップ）、輝くジュークボックス、シェイク、ダブル・フライといったおなじみの食べ物。これらの「懐かしい」演出のおかげだ。

ぼくは、時代遅れだが行き届いたサービスの金物店は必ず受けると確信していた。場所は、古い家々が立ち並び、ボートの艇庫があるようなエリア。そういうところに住む人は、自分の手を使って働くのが好きだから。オールド・ニューヨーク・ブリューイングは自分の醸造所の中にレストランを造った。英国やドイツでは昔からよくあるやり方だ。

スミス&ホーケンの小売店で少しずつ試しているのは、フルサービスの園芸の再創造（リ・クリエイト）だ。植物の世界は複雑なので、おそらく何年もかかるだろうが、大規模な栽培者からではなく、比較的小さめのところがいいと、丁寧に探した。条件は、健康的な種を育ててくれる栽培者。たとえば、かぐわしい香りのバラ、甘い香りのクレマチス、きれいに揃ったラベンダーなどを提供してくれる。こういった栽培者たちは現在、近代化と便宜至上主義（コンビニエンス）の流れによって脇に追いやられてしまっている。

ビジネスを育てるプロセスの中で、ぼくたちは自分たちと顧客の両方を教育していった。当時支配的だった一年こっきりの単年生育や色の鮮やかさ志向を、何年もじっくり育てる多年生植物、そしてそれと繊細に溶け込む景観作りの園芸に変えようとしたのだ。これは19世紀の英国にさかのぼる園芸のやり方だが、時を超えた魅力を放っていると思う。

やるなら完璧に

ペットショップでも、花屋でも、窓拭きでも、自転車店でも、どんなビジネスでもいいが、やるなら徹底的にやろう。ベストの品を揃えよう。地域で一番と言われるようになろう。競合社があなたのビジネスを基準として評価されるような権威になろう。

フォードが「メルセデス・ベンツのように静かです」という広告を打ったとき、ベンツは考え得る最高の車の代名詞になっていた。ただ、注意してほしい。業界の常識に阿ってはいけない。自らが基準になるのだ。そのためには製品デザインを良いものにし、見せ方を工夫し、取扱説明書をわかりやすくし、アフターサービスをしっかりする必要がある。

球根を買ってくれた顧客に、プラントマーカー（名前のわかりにくい植物の名前や育て方を書いておくための用具）と土壌の耕し方についてのマニュアルを添える。これこそが、自らが基準になる、徹底した仕事と呼べる。

1981年、スミス&ホーケンはドイツ製の散水システムを見つけた。そのシステムの構造は、衝撃耐性の強いプラスチックが(よくある繊維ではなく)留め金とくっついていた。散水速度が速く、実用性に富み、革新的だ。システムを構成する個々の部品は単独でもよく機能していたが、顧客はきっと全体としてのシステムが欲しいはずだと思い、ぼくたちはすべての商品をカタログに掲載し、かなりのページを割いて詳しく解説した。同業他社は一つか二つ、売れ筋のものしか載せなかった。

ドイツの会社に向かって、大手競合2社は、ぼくたちが全商品をカタログに掲載していることを指して狂気の沙汰だと言ったらしい。彼らにしてみれば、カタログに載っている品目はすべて場所を取るわけだし、お金を生み出してくれなきゃ、ただの在庫で意味がないということだろう。

スペア部品、O型リング、アドバイス……通常の散水システムの部品は、たしかに採算上ペイはしない。その後くだんの散水システムは新規参入組含め、ありとあらゆる店が販売を始めた。それこそKマートからシアーズに至るまで。ただし、それらの店が扱うのは回転の良い売れ筋品目に限られていた。

すると、不思議なことが起こった。ほかの店が回転の良い売れ筋品目を扱えば扱うほど、ぼくたちの店の売上が上がったのである。なぜなら、くだんの散水システムに必要な全品目を取り揃えているのは全米で唯一、わが社だけだったから。

全国区のチェーン店を向こうに回し、ぼくたちは全米ナンバーワンの売上を誇った。それというのも、ぼくたちが顧客のためを思い、完全な品揃えをしたからである。もし「厳選」した品目だけだったら、Kマートと競争しなければならない羽目になったところだ。

低コスト体質になろう

可能な限り直接仕入れよう。可能な限り直販しよう。可能な限り間接人員を削ろう。うまくやったら繁盛間違いなしだ。

このやり方は西海岸のディスカウントストアの広がりと共におなじみになった。敷地面積が何と10万平方フィート（約9290平方メートル）ある巨大倉庫風の店舗であり、原則として素材、原材料に近い製品を扱う。顧客はこの「原価」に12パーセント上乗せした価格を支払う。たいていの小売店にとっては、仕入先よりこっちのほうが安い。巨大ディスカウントストアの売上は、一店舗あたり1億ドルを超える。

このやり方を実行するのに大企業である必要はない。スミス&ホーケンの扱っている商品は、ごく一部の例外を除き、どこにでもあるというものではない。とはいえ、競合との競争にさらされるのは商いの世の常だ。価格を下げて対抗せざるを得ない。たった一つの例外を除き、わが社は中間業者を通さず仕入れている。メーカーとの直取引だ。ベストの売り方をしたければ、ベストの仕入れをしなければならない。そのため、仕入れにあたっては注意深く、かつ元気いっぱいの攻めの姿勢でいる必要がある。

「する(doing)」ことではなく「である(being)」こと

ロイヤル・ダッチ・シェル社はこのほど、ビジネスの寿命についての研究に着手した。なぜ何世紀も生き永らえる企業が存在し得るのか。当初の企業目的が年を経るうちに変わったり、外的要因によってその市場から退場せざるを得なくなったりするにもかかわらず。シェルがこの研究をするのには、もっともな理由がある。この世界第2位の石油会社は、いまから100

年後、石油会社というものがこの世に存在し得ないことを知っているのである。

研究の結論はこうだ。これら伝統ある、尊敬すべき企業はカリスマリーダーを持っている。その多くは創業者であり、強烈な印象を残し、後に続く者たちに対して灯台になるような倫理基準を確立している。もう一つの結論は、第一の結論に関連しているのだが、市場や世界の激動を生き延びてきた理由として、これらの企業が自らの企業目標を「である（being）」にしていることだ。企業目標を「する（doing）」のではなく。自社のビジネスを、**世界との交流方法と定義しており、ある特定の製品・サービスを提供することとは定義していない**のだ。

新しくおむつ産業に参入した企業の目標はたとえば、「アメリカ一真っ白なおむつを提供する」といったものになるかもしれない。もちろんこれはこれで立派な目標だ。しかし、もっと望ましい目標は、「新生児を持つ母親に最高の援助を提供する」だ。この目標であれば、アメリカ中のお母さんがウルトラ・パンパースのファンになったとしても、自社製品を作り変えるといったトラブルに見舞われなくて済む。

あなたの会社がバイオを基盤とし、しかもあなた自身が母親だとしよう。母としての役割、親としての役割をもっと情報豊かに、楽しく、やりがいのあるものへと変えたいと強く願うのであれば、無限の未来があなたの前に開けることだろう。

目的、やるべき課題はいつも目の前にあり、導いてくれる。世界はあなたの会社を常に求めるはずだ。選びきれないほどの可能性の選択肢が目の前に並ぶことだろう。そのようなビジネスは、目の前の成功や失敗で簡単にひっくり返ったりしないものである。

楽しくやろう

人はお金を使うとき、ほんのわずかではあるが、ナーバスになる。パッケージ、サービス、店内の雰囲気、それらの要素がエスプリの利いた、ユーモアのある、高い意識で満たされていたら、顧客は店に長く滞在し、応援したくなるものだ。

人はますます「店にいること」そのことのために店へ行く傾向にあるようだ。お金を使うのはその後。エンタテイメント、ショウのような演出も小売の構成要素になった。商品の提供は、数ある構成要素の一つになったのである。

バナナリパブリックはこのことをよくわかっている。店内に配された装飾物、音楽、表示、商品、それらが非日常の時間と空間を演出するのだ。

顧客をリラックスさせ、楽しませることで恩恵を受けないビジネスはないと思う。笑いと楽しさは顧客と企業の間に絆を築く。なぜなら、信頼と親密な関係を結ぶことができるからである。

銀行というものは伝統的にカチコチに真面目くさっているが、カール・シュミットの銀行は、ビルの片面にイラストをペインティングしている。銀行の壁に激突した円盤からエイリアンが出てくるイラストだ。

4台ある銀行のトラック後部窓にもペインティングがある。トラックの内部が見える仕掛けだ。二人の囚人がトランプしている。二人の覆面男がいままさに金庫破りを（その反対側で警官が彼らを捕えようと待ち構えている）。二人の贋金作りが自分たちの運勢を占っている。札束を洗い流している洗濯機（マネー・ロンダリングだ！）。街ゆく人々はみな、これらのアートを楽しみ、銀行を覚える。

楽しくなければ、一体何のためにビジネスをやるのか。

笑いと良質のユーモアは、ビジネスという炭鉱のカナリアだ。社員、顧客、取引先に笑いが少なく、あなたの会社にいてもいい時間を過ごせないというのなら、何かが間違っているのだ。

第5章

成長の秘訣

The Art of the Incremental

5年前のことだ（訳注：1982年あたり）。

小売店が集まって、スタンフォード・ショッピングセンター（カリフォルニア州パロアルト）に新しい形態の店を始めた。ナイスなビジネスプランが引き寄せた潤沢な資金を元手に。

彼らのビジネスプランのお手本になったのは、ニューハンプシャーにあるブルックストーンだ。レアもののハンドツール（ドライバー、レンチなどの工具）を専門に扱うコンセプトの店。これが大当たりした。勢いでカリフォルニアのほかのショッピングセンターにも3店舗出した。ところが、苦戦し、大赤字。店は売りに出された。経営者たちはいずれも経験豊かな商売人ばかりだったのだが。

最初の店が当たったのだから、自分たちのビジネスプランはもうどこへ出してもうまくいく。スタンフォード・ショッピングセンターで成功した経営者たちはそう考えた。後で出した3店舗の失敗の後、オリジナルの経営者は誰も残らなかった。

彼らはある一つの重要な事実を忘れてしまっている。スタンフォード・ショッピングセンターはシリコンバレーから車で30分、サンフランシスコ近郊に位置し、世界でも指折りの成功したショッピングセンターの一つだ。買いたい心に火のついたお客さんであふれ、集客には困らない。このショッピングセンターには客の来ない死角などない。どこもかしこも金脈といっていい。

だからといって、スタンフォード・ショッピングセンターの成功がそのまま、ビジネスプランの芯にあるアイデアの良さが証明されたというわけではないのである。げんに、良くなかったために、ほかの出店ではうまくいかなかったのだ。

アイデアが浮かんだら、ビジネスプランに仕上げてみることをおすすめする。理由は二つある。第一は、ビジネスを遂行するためのお助けツールとして。第二は、資金集めのため。

とはいえ、この原稿を書いている時点でぼくが知っている過去10年のきらびやかに成功したビジネスが、ロクなビジネスプランもなく、創業者のアタマの中に生まれ、ポケットマネーでそのまま育ったものが多いことは認める。一般的に、テック企業や製造業は巨額の資本が必要なため、資金を集めるためのよく練られたビジネスプランは必須だ。ところが、パタゴニア、アップル、エスプリの3社はビジネスプランも、資金集めのための財務諸表も、書面に整えた起業戦略などかけらもなかった。これを「起業の自前主義」という。

起業家によくあるスタイルで、市場にチャンスがあると見るや、時を移さず早撃ちする。考えは後からついてくる。後の章で自前主義については詳述するつもりだが、ここでは、一つだけ指摘しておきたい。

一見、自前主義にはビジネスプランがないように見える。ただ仔細に見てみると、そこにはビジネスプランに結実するまでの企画の過程がしっかり存在することがわかる。完成したプランを静とすれば、そこに至るまでの**動的なプランニングがある。**市場に嗅覚の効く起業家の多くは、自分の考えを他人が理解できる形で言葉にすることが苦手だ。これは彼らが言葉にして考えているわけではなく、ビジュアル、あるいは空間的な思考方法で考えているからである。考えるスタイルが違うのだ。起業家は自分のしていることを、後になって初めて合理的に考えることができる。

よくあることだが、このタイプの人は、自分が理解されないので、コミュニケーションをやめてしまうことがある。だからといって、彼らがビジネスプランの企画をやめたわけではない。伝統的な企画プロセスとはまったく違い、本人の奥深くにあって表にはほとんど顔を出さないスタイルで進められるのである。

大成功した自前主義の起業は、エネルギッシュで意識の高い創業者のパーソナリティがそのままダイレクトに発展したものだ。彼らのダイナミックなスタイルがビジネスの成功に与える影響は重要である。さて、パタゴニアは別として、成長をもたらす明確なプログラム抜きのビジネスアイデアはほかにもたくさんあるのだろうか。

イエス、たくさんある。先に挙げたブルックストーンを真似した店のように。

ビジネスプランを書いてみると、ビジネスの根っこにある性質を物語ることになる。製品がどのように製造されるのか、サービスがどのように提供されるのか。それら商品の持っている優位性、あるいはベネフィットを語りかける。プランに記載されるのは概ね次の項目だ。

製品を市場に投入する方法、競合分析、向こう5年間の財務計画（よくあるのはかなり先の年まで計画することだが、先すぎて意味がない）、主要メンバーの経歴。

ビジネスプランはあなたがアイデアをどれだけ深く徹底して考え抜いたかをテストする。ビジネスの可能性や考え得る問題点について先を見通すことで、ミスを事前に防ぎ、ガイドしてくれる。本章の後の節で、ビジネスプランの書き方について詳細な注意点を述べるつもりだが、まずは最初に、いまここで挙げた点についてよく覚えておいてほしい。

他人のためにビジネスプランを書くのはやめよう

新しくビジネスを始めようとするあなたには、リスクは当然、あえて受けようという思いがあるに違いない。とはいえ、出資者の立場から言えば、「リスクは最小限にとどめてくれ。君にはその責任がある」となる。これは当然だ。ビジネスプランを書くとき、この、相反する要求の落とし所をうまく見つけることが求められる。

ややもすると自分のやりたいことより、ビジネスプランを読む人に気に入られるようにごまかして書く誘惑に駆られてしまう。目の前に、二つの選択肢があるとしよう。一つは、出資者のお気に召すよう妥協して見事出資してもらう。もう一つは、妥協せず、出資をしてもらえない。

ぼくなら、妥協せず、まったく出資してもらえないほうをおすすめする。

出資してもらうために無理やり書いてしまう大きなウソは、おそらく「成長率」だろう。

さて、ベンチャーキャピタリストが背負っているリスクとはどんなものか（知っておいて損はない）。

投資先が三つあるとする。うち二つは失敗するか、どうにも先の見えない状況になる。よって、残った1社はほかの2社の埋め合わせを期待される。このためには、少なくとも年率40〜80パーセントの投資回収率が必要になるのだ。この成長率はある種の会社（ビジネス）には可能かもしれない。しかし、それ以外の会社にとっては経営が歪む。壊滅的になってしまう数字だ。

向こう7年の間、年率20パーセント[※10]の成長しかできないというのであれば、満足のいく投資が得られないはずだ。もちろん、あなたは投資家の利益と自分の利益を一致させたいと思っている。しかし、これからやろうとするビジネスの考え得る最大の成長率が20パーセントだとするのであれば——この成長率は食品卸、紳士服、紙製品、書店などのビジネスでは可能だろう——「20」という成長率にゲタを履かせてはいけない。アタマのいい投資家に、その場しのぎのご機嫌取りをしたら、やがてビジネスが進むにつれ、大きなリターンを生み出せないとわかったとき、トラブルが起きるのは間違いない。

ビジネスプランは正直で、正確、そしてあなたの考えていることが過不足なくすべて表現されていなければならない。もちろん、ビジネスプランを書き上げた後で、敏腕な投資家のアドバイスをもとに修正することは可能だ。しかし、だからといってお金に媚びて自分のインスピレーションを曲げてはいけない。

非営利組織の事例が示唆に富んでいる。

資金提供財団がお金を提供したいと考える「関心分野」を、助成金希望者が読み上げる。すると、既存のプログラムを歪めたり、あるいは（ご期待に沿うような）新しいプログラムを作成したりして、資金提供機関の「ニーズ」に合わせてしまう傾向が見られる。このような状況では、誰も得をしない。ビジネスでも同じだ。

自分を信じよう。多くの成功したビジネスの出発点も創業者の「思い込み」から始まっている。その「思い込み」はカッチカチに硬い。妥協しない。だからこそ、後の成功者も、最初は乏しい経営資源で始めていることが多いのだ。一方、妥協してベンチャーキャピタルの出資を受けたとしても、多くは会社分割の憂き目に遭っている。利害が衝突するからである。

プランだけではビジネスじゃない

しっかり練られたビジネスプランはあなたのビジョンと目的に真摯に沿ったものであり、それ自体が役に立つビジネスツールだ。企業のいわばＤＮＡとも呼ぶべきもので、あなたや共同経営者が前進する際に強力な手引きとなる。１年も経てば個人としても、また、企業としてもビジネス環境や市場から発信されてくる山のような情報を身体に取り込むことだろう。そして、場合によっては当初の計画をぐらつかせることになるかもしれない。

そう、せっかく作成したビジネスプランも半年経ち、１年経つうちに実態にそぐわないものになるのである。適宜アップデートしよう。もし何事もないとすれば、それはビジネスが成長も変化もしていないことになる。さらに、あなたが何も学んでいないことになる。それこそ問題だ。

ビジネスプランの細かい部分は状況に応じて書き換えられるし、そうあるべきだ。しかし、最初に作成されたビジネスプランのハート＆ソウル（魂）に沿ったものでなければならない。あなたの思いなのであり、不動のものだ。

オールド・ニューヨーク・ブリューイングのマシュー・ライヒはオリジナルのビジネスプラン125ページを作成するのに1年かけたが、その後数回の改訂、アップデートをしている。マシューは業務をプランなしには遂行不可能と考えるタイプのビジネスマンだ。

それでもなお、ビジネスプランを作成する中で間違いを犯してしまうことがある。注意しよう。意味論学者アルフレッド・コージブスキー[※11]は、「地図はそれを示す現実の地面ではない」と言った。ビジネスプランも同じ。プランは現実のビジネスではない。

しかし、いったん領地として地図に示されたら、それは地図を作成した人の手を離れる。ビジネスも同じで、練り上げられたプランはそれ自身で育っていくのである。

プランを通じて学ぶ

生物学の実験がある。

第一のカエル……室温の水の中に入れられた。カエルは普通に泳ぐ。

第二のカエル……高温のお湯の中に入れられた。とんでもない環境に放り込まれたと知り、カエルはただちに飛び出る。

第三のカエル……室温の水。実は容器の下ではガスバーナーが燃えている。カエルは何事もないかのように泳いでいる。水がゆっくり温まっていくにつれ、カエルの感覚器官は麻痺し、反応速度が鈍っていく。とうとうカエルが自分の環境が悪化しており、このままでは茹でられて死んでしまうと気づく。しかしこの段階では、もはや自力で外へ飛び出るだけの元気がなくなってしまっている。生物学の学生が助け出してやる。

ビジネスが終焉を迎えるとき、第三のカエルのような感じになる。ビジネスそのものの中に失敗の種が宿っている。そしてその種は、多くの場合、ビジネス環境の変化を素早く学ぶことができない点にある。会社というものは突然死しない。一見重要ではないような事件の積み重ねによってじわじわ病魔に蝕まれ、最後に命を落としてしまうものなのだ。

ビジネスプランについて学んだら、次は学ぶためにビジネスプランを作成してみよう。ビジネスを育てるとは、すなわち、いかに学ぶかということなのである。

自社のビジネスモデルや目標にゆるぎない自信を持っているとすれば、その企業の世の中を見る目に狂いはないかもしれない。しかし、そのような自信にあふれた企業が学び、変化することができるだろうか。知ることに対して当て推量を交えない企業のみが、環境の中に潜んでいるフレッシュで新しい情報を発見し、活用することができるのだ。

プランは「問い」をベースに作成されるべきだ。問いこそがビジネスを生き生きと活性化させる。

1950年代、デトロイトの自動車メーカーは、外国車を買う購買行動は、お金持ちの大学生特有の気まぐれな自己表現と受け止めていた。当時、アメリカの自動車産業は、外国車の優れたデザイン、製造技術、そして独自の魅力などを軽視していた。やがて70年代になり、デトロイトは顧客から見放された。アメリカ自動車産業の内外におよそ400万もの失業者を出した。先に挙げた茹でガエル症候群なのである。

失敗のためにビジネスプランを

「商売繁盛の話を聞こうというのに失敗なんて」とお思いになるかもしれない。しばし、これから話すことについて考えてみてほしい。

成功のためには、多くの物事が一糸乱れず正しい方向へ向かわなければならない。事実、あまりに多くの物事が正しい方向へ向かわないといけないので、プランを仔細に見分すればするほど、そもそもビジネスを創業するのは不可能なのではないか、とまで思えてくる。そしていざ始めると、あまりにも多くの物事が悪い方向へ向かってしまうので、成功というものは努力の範疇の外にあって、たまたま手に入るもの、と決め込んでしまうかもしれない。

もし、あなたのビジネスプランがすべてうまくいくことを前提に成り立っているのであれば、遅かれ早かれ壁にぶつかるはずだ。目を逸らさずに失敗を、そして失敗になりそうなこと、すべてを見つめなければならない。

この考察は、よくある損益分岐点分析――利益を出すためには最低何個販売しなければならないか、分岐点を超えてから、単位あたりの売上がいくらの利益を生んでいるか、そしてコストと価格がどのように動き、それが利益にどう影響を与えているか――の先を行くものだ。

すべてがうまくいくことを前提にしたビジネスプランを立てていると、たった一つのミス、たった一つの事故がすべてを台無しにしてしまう結果になる。20個重大なミスが発生しそうだと事前に見当がつけば、セーフガードを作って、考え得る可能性へ手を打っておくことができる。それがサバイバルにつながる。創業時は、成功よりサバイバルがより重要なのだ。サバイバルは現場にいること、実践していること（ゲームのように楽しみながら）、市場のルール（ゲームにルールはつきものだ）を学ぶことで得られる。そして、サバイバルは成長の始まりなのである。

ビジネスは増殖のアートである

成長のための正しい方法は、成長を解放してやることだ。最悪の方法は、成長をプッシュしてしまうこと。

伝統的にぼくたちは、ビジネスの成長を右肩上がりの発想で考えてきた。そこにあるのは「もっともっと」という思いである。手を伸ばし、製品品目を増やし、新規店舗を開店し、人をもっと雇う。たしかに、ビジネスは成長しなければならない。しかし、**健康的に成長するためには、あなた自身の言葉で監視でき、理解されなければならない。**

1986年、イヴォン・シュイナードが「ちょっと立ち止まろう。少なくともペースをスローダウンしよう」と決めたとき、パタゴニアの成長は爆発的だった（当時で年商4000万ドル）。シュイナードは、社員300人の名前を覚えられないという現実が気に入らなかった。シュイナードと妻のマリンダは、スローダウンしようとしているのが自分たちだけで、ほかの社員のみんなは成長速度をぎりぎり目一杯まで飛ばしたがっているのが気に入らなかった。『ニューヨーカー』誌に出したこれまでのどの企業よりも小さい広告に、過去最高の反響のあったことに脅威を覚えた。なんでこうなるの？　これって、いいことなのか？

シュイナードは、パタゴニアが自然と体内に宿している成長速度が損なわれている気がした。同時に、パタゴニアが成長し繁盛するのに途方もない時間を要しないことも知っていた。そこでシュイナードは、1987年1月の全社スピーチで、次のように言った。

「私とマリンダは、社員の皆さんが心地よく働けて、かつ一人ひとりの目標達成と会社のそれとがシンクロするような、そんなナチュラルな成長を望んでいます」

ちなみに、シュイナードの個人としての目標はこうだ。

1 お金を儲ける
2 儲けたお金を寄付する
3 創造的であること
4 プライドある仕事
5 悩まない
6 楽しさで満ちあふれている

すべてのビジネスに、無理のない自然な成長率がある。到達できないと、ビジネスはしぼんでしまう。超えてしまうと、ビジネスはペースに合わせるために四苦八苦する。

創業者（マネジャー）の果たすべき最も重要な働きは、自社のビジネスに自然と無理なく内在する成長率を見定めることだ。そしてそれにペースをセットする。創業者の仕事は「軍隊」のケツを叩いて遥か先の頂上に登らせることではない。ビジネスの無理ないナチュラルな成長速度に社員を合わせることだ。

日本にこういうことわざがあるそうだ。「過ぎたるはなお及ばざるがごとし」。程度を超えた行きすぎは、不足しているのと同じように良くない。

会社の成長過程で最も赤信号、要注意なのは、激しくワイルドなまでの成功が続き、びっくりするほど儲かって、売上の伸びが驚異的に速いときだ。成功、儲かり、売上急成長。この三つの要素は、外面の繁盛に隠された失敗の種を見えなくし、育ててしまう。ひとたび、景気後退やほかの外的要因のおかげで売上や利益が落ち込み始めたら、それまで潜在的に隠れていた判断ミスや行動の過ちが表へ浮かび上がってくる。拡張するべきタイミングは不況のどん底だ。利益や売上がどんどん上がっているときこそ保守的に構え、コストに目を光らせる必要がある。

成長率をものさしとして判断し始めると、大であれ小であれ、ビジネスは大きなダメージを受ける。たとえば、雑誌で「今年最も急成長した企業」といった特集がある。しかし、その急成長の陰でどれだけの騒動が起こっていることか。前にも一度触れた、フランチャイズまで出すほど成功した配管工のことを思い出してほしい。おそらく、「今年最も急成長した企業」の裏には、同じような話があるに違いない。

こう考えると、スピード成長の企業と比較した場合、スローに成長する企業のほうがむしろ成功の度合いが大きいのではないだろうか。スピードがそのまま品質、手堅さ、成熟、さらには目指すべき究極の成長や企業サイズに結びつくとは限らない……そう考えてもよいのではないか?

そう思って自然界に目を向けると、急速な成長で良いものは一つもない。おそらく人類生物学でも同じだろう。人体で最も速く成長する細胞はがん細胞だ。ビジネスシステムだけがあまりに神聖なので、世界を支配する法則から免除されているとでもいうのだろうか？　そんなことはないよね。

理想を言うなら、ビジネスを学ぶ学生は全員生物学を学んでほしい。生命の科学であるし、だからこそ、変化が常態、常に変わるものだということを知るために。ビジネスの魂は真実と絶え間ない変化の実行であり、可能性の底から何かを引き出していく創造なのだ。

ビジネスというものが「変化することの良さを教えてくれるエージェント」だということを、ぼくたちはまだようやくわかり始めたばかりなのかもしれない。でも、一刻も早く理解する必要がありそうだ。

これまで、あまりに簡単に、あまりにたびたび商売が傾くのを目にしてきた。何が正しくて、何が未来につながるものなのかを見落としてきた。

フレッド・スミスの創業したフェデックス（Fedex）を見てみよう。フェデックスはぼくたちの文化に新しい価値あるサービスをもたらしてくれた。同社はトップから現場の最前線で働く社員まで、自分たちのビジネスにおけるエッジ——ほかにはないどんな価値を提供しているのか——について深く理解し、動いている。

成長が何であるかを理解するためには——それが社会的な成長であれ、個人の成長であれ——自分自身のビジネスが最高の実験室なのだ。

ガーデニングや植物栽培に携わっているので、常日頃から、いつも次のフレーズがアタマに浮かぶ。「あまりに速く成長をする植物は、実のところ健康とは言えない」。また、次のフレーズも。「あまりに遅すぎるのも、その後の成長に問題が出る」。

気温、光、湿度、土壌のミネラル保有量など、さまざまな変数が植物の最適な成長に重要な役割を果たす。ぼくにとってビジネスは、商売とそれを取り巻く社会の中から、成長に必須の熱、光、湿度を探り当てる営みに見える。

健康的で、成長に富むビジネスを創造することも同じだ。その気のない市場をねじ伏せて成功を奪い取ることなんてできない。起業家についてまわる、「征服するヒーロー」といったイメージはウソだ。

起業家が持つべき野心と勇気に対するステレオタイプな「動」のイメージはたしかに必要で

はあるが、それとまったく逆の資質もまた、なくてはならないものなのだ。じっと腰を据えて耳を澄ませ、観察する「静」の姿勢。

植物に必要な栄養分に手加減することはできないし、逆に、不要なのに無理やり与えてもいけない。ビジネスも同じ。ビジネスをするあなたと顧客との間ではフェアなやり取りがあってしかるべきなのだ。

ある特定の分野、たとえばコンピュータテクノロジーのような世界では素早く行動しなければならないし、厳しい競合のど真ん中に飛び込んでいかざるを得ない。しかし、多くのビジネス――あなたがスタートしようと思っているものもそうだと思う――は巨額の資本やテクノロジーを必要としない。だからこそ、じっくり時間をかけて、何をするべきなのか、どうやれば正しいのか、考えてみよう。焦ることはない。無理してスピードを上げてしまうと正しいことができなくなるばかりか、場合によってはビジネスの息の根を止めてしまうことになりかねない。

あなたは自分のビジネスをキノコにしたい？　それともオークツリー？　キノコの胞子は成長率だけを取ってみればオークツリーのドングリの実より速い。しかし、短命だし、ひ弱だ。

自分のビジネスをどんなモデルのようにしたいか、考えてみよう。モデルは、子ども、ペット、オークツリー、または尊敬する組織……何でもいい。

真似するのに気持ちよく感じるのはどれだろう。自分のビジネスを育てるのは、健康的な方法を取るのが一番なのだ。

長生きするためのプラン

100年の計を立てよう。いや、もっと先まで。

ビジネスはベストのサービスを提供し続けるため、可能な限り存続し続けるべき……よく聞く話だ。たしかにそれはそうなんだけれど、あくまで抽象的な言い草だ（具体的にどうすればいいかは第9章で述べるつもりだ）。いまから10年、30年、70年先にもあなたの事業が存続するためのプランを立てるということは、記憶の問題だ。あなたのビジネスが人々に記憶されるよう実行しなければならない。無理っぽい？　それでも、やってみよう。ぼくがちょっとしたヒントを差し上げます。

商っている製品やテクノロジーが最新のものだったとしても、遥か未来に目を向ければ、製品そのものが決してビジネスの核ではないことがわかるだろう。**あなたのビジネスは顧客の満足を創造しているのであって、製品・サービスはあくまでそれを実現するための手段なのだ。**テクノロジー、製品、そしてファッションは時を経て変わる。しかし、長期的視野に立った目標を持っていれば、ビジネスを永続させることは可能なのである。

スミス&ホーケンを創業した際、ぼくたちは来世紀(21世紀)にピークを迎えるよう会社を設計した。そのときぼくたちはこの世にいないかもしれない。いるかもしれない。わからない。でも、少なくともいまここにいる限り、時間はたっぷり与えられている。※12

だからといって、ぼくたちが真面目に働きもせず怠けるというわけではない。しかし、仕事というものは、長いタイムスパンで考えられたアジェンダ(テーマや活動計画)やそのスケジュール表があってこそ、焦らず、憂うことなく取り組めるものではないだろうか。来世紀が遠すぎるというのであれば、一般的によくある5か年計画のようなタイムスパンより長めに取り、実践していく中で何が見えてくるのか、じっくり観察してみよう。一回と言わず、何回も。

英国のミステリー作家ドロシー・セイヤーズの言葉を言い換えてみる。
ビジネスは生きるために行うものではない。行うために生きるのだ。

成功のためのプラン

いかなるビジネスプランも、はじめはバラ色の未来を描く。しかし、自ら望んでいるこの成功の可能性や、やがてもたらす結果について丁寧に調べてみる人はほとんどいない。準備が不十分だったりするし、一番よくあるのは、成功が悪夢に転じてしまうことだ。

成功したものの、一夜にして転落の人生となってしまった例は枚挙に暇がない。これについて、ぼくたちがなかなか気づかないシンプルな教訓がある。

それは、「私たちがビジネスをどのように（how）進めるかが、私たちが達成するもの（what）である」ということだ。

もちろん、ビジネスである以上、お金儲けは大事だ。しかし、目標はもっと豊かに、もっと広い視野を持ちたい。

ヒューレット・パッカードは第一目標をお金儲けとした。それは、第二目標「会社の成長」のためであり、さらに続いて、「働く人がもっと活躍できる環境を提供する」という第三目標を見据えたものである。このシナリオはヒューレット・パッカード社内で、明確に全員に共有されていた。そしてこれこそ、同社が米国有数の優れた企業へと成長できた理由の一つだ。

パタゴニアもまた、第一目標にお金儲けを置いている。第二目標は、儲けたそのお金の中からたっぷり非営利団体に寄付することだ。

ベン&ジェリーのアイスクリーム・ビジネスは、税引前利益の7・5パーセントをベン&ジェリー基金に納めるようにしている。基金はそのお金を非営利組織やチャリティに寄付する。7・5パーセントというのはぼくの知り得る限り最も高率の企業寄付だ。ベン&ジェリー株を持っている人にとっては気になるところで、もう少し利率を下げて欲しいと思うのが人情だろう。しかし、ベンとジェリーは、自分たちが望む理想の投資家なら穏当な寄付であれば認めてくれるはずと信じた。そして彼らは正しかった。株で問題が発生することはなかった。

多くの起業家は、「いつの日か成功したら素晴らしいことをしよう」と言う。しかし、いざ成功すると、そんなことは忘れてしまう。「いつか」ではなく、「いま」何ができるだろう。

ポリマー接着剤のビジネスをゼロから受け継いだことがある。文字通り、売上も、預金残高もゼロ。社員のやる気もゼロだった。何から何まで不足していた。1年後、利益を出すことに成功した。2年後売却したときには、結構な金額になった。企業憲章[※13]には「全利益の10パーセントを寄付するべし」という条項があった。それに従い、ぼくは最後の取締役会で利益の10パーセント寄付を提案した。ぼくの提案は否決された。株主たちは、そのお金をもっとほかの目的に使いたいのだと言った。

なるほど、たしかに彼らの言い分もわかる。しかし、ぼくには、彼らが成功するための準備を本気になってやっているようには見えなかった。会社を起こすとき、10パーセントの寄付を言うのは易しい。検証しないまま約束すればいいのだから。

だからここで、大切なモラルを言っておきたい。成功のために計画するのであれば、はじめから実行することだ。後でやることではない。

練り上げられたビジネスプランでややもすると見過ごされがちな、でも重要な問題がある。それは、ビジネスプランが、自分のためではなく、誰か外部の人の期待を満たすために書かれてしまうという点である。ちょうど履歴書みたいになってしまう。

履歴書代筆サービスがこの世に生まれて以降、履歴書がどれもみな似たようなものになってしまった。見た目はきれいに整理整頓されて書かれている。業務の呼び名はシンプルなものから、遠回しな表現に取って代わられている。「セールスマン」が「フィールド・サービス代理人」、「守衛」が「ローカル・エリア・メンテナンス・コーディネーター」といった具合だ。これと同様、ビジネスプランについてもいろんな人がいろんなアドバイスをした結果、どれも似たようなものになってしまっている。そこで、ぼくは違ったアプローチをおすすめしたい。

ビジネスプランの書き方

誰か赤の他人があなたのビジネスプランを、純粋にその中身だけで判断すると考えると、緊張で息が詰まってしまうだろう（実はぼくがそうなんだ）。だからベンチャーキャピタリストや銀行員のことはこの際忘れてしまおう。その代わり、友人をイメージしよう。その友人は、日頃から的確な意見を述べてくれる。知性も申し分ない。だからあなたは一目置いている。そんな友人が、あなたがこれからやろうとしていることにはまったく知識がないとしよう。彼または彼女に向けて、手紙を書いてみるのだ。

「ジェーン　こんにちは！」

もちろん、ビジネスプランとなれば、この後述べるような標準書式に則る必要があるが、第一稿は、理解ある友人へのお手紙として書いてみよう。気取りなく、正直に。野望もあるだろう、恐れもある。包み隠さず、書こう。はったりや背伸びをしてあなたのプロジェクトを「売りつける」必要などない。そう。この等身大のビジネスプランこそ、求められているものなのだ。

あなたにしてみれば、ビジネスプランはせいぜい1つか2つ書くだけかもしれないが、読むほうはおそらく数百、いや、数千ものプランを読まされている。最初の段落をひと目見るだけで、インチキかどうかなんてすぐわかる。

だからこそ正直に、本当のことを述べ、欠点を明らかにすることを恐れず、何か知らないことがあっても、わかったふりなどせずに認めよう。かの『ウォールストリート・ジャーナル』紙でさえ、中学生の理解力を基準に書かれている。銘記しよう。

さて、いよいよビジネスプランの書き方を、具体的に話そう。

1 概要（サマリー）を書く

一般的に、ビジネスプランは概要（サマリー）から始まるということになっている。しかし、ぼくはこれが好きじゃない。投資家の中には、忙しいから概要をまず読んで、それから先を読み続けるかどうか決める、という姿勢の人がいるが、そんな人に話を持ちかけるあなたが悪いかもしれない（笑）。

概要はたいていのビジネスプランにくっついている。よって、自分のビジネスプランをほかと違う新鮮なものだと見せることがとても難しくなる。

だからぼくは、概要をつけるもつけないもお好み次第と考えている。ではどうするかというと、プランをビジネスの目的から始める。ビジネスの要点をカプセルにぎゅっと詰め込む。概要をまとめるために、いたずらに言葉を刈り込んだ結果、無味乾燥なものにしないためにも、このやり方のほうがいいと思う。ただ、いかんせん、多くの専門家はぼくのこの意見に賛成してくれないのだが。

2　ビジネスの性質について書く

あなたがこれから創りたいビジネスがどのような性質を備えているのか、について語ろう。留意してほしいのは、単に製品・サービスについてではなく、ビジネス全体のオペレーションについて述べること。

⑴ より広い業界全体の中で自社のビジネスを位置づけ、

⑵ 製品・サービスがどのように社会と接点を持ち、

⑶ 顧客がどのようにそれらを認知し、購買するのか

について説明しよう。ここは特に重要な点で、この説明を読めば、あなたの商売のセンスがあるかないか一目瞭然でわかる。ビジネスプランを読む人は日々、何か卓越したユニークな商売の種を探している。その一方で、あまりに一般常識とかけ離れたものになると、逆に不安に思うものだ。

こんなビジネスプランがあった。氷河堆積物でできた土壌栄養素をパッケージにし、苗床販売店やガーデニング・センターで販売する。実際に土壌テストしてみるとミネラルが豊富で、良い結果が得られた。ただ問題は、ビジネスプランに添えられた次の警告だ。

「この商品を使って土中のミネラルを増やさなければ、氷河期の再来を招くだろう」これでアウト。

ビジネスの性質について書く際には、当面のビジョンだけではなく、時代の先をどれだけ読んでいるかを示すチャンスだということを忘れてはならない。近視眼的なものの見方は近視眼的な投資しか招かない。投資家は数年、いや、もっと先の先まで見通し、高いリターンを期待しているものだ。さりとて、氷河期を持ち出されると、いくらなんでも先すぎるのだが。

3 製品・サービスのタイプについて書く

人はややもすると自分の製品について書きすぎるきらいがある。というのも、彼らが一番知っているのが、ほかならぬ製品のことだからだ。しかし、ビジネスプランを読み慣れた人ならば、製品についての記載を、初心者とは違う見方で読むはずだ。

第一に、簡にして要を得たものを探す。理由はシンプルだ。プランの書き手（つまりあなた）がテーマ（製品）について精通しているのであれば、より簡潔に表現できるはずだから。

第二に、ページをめくってもめくっても製品について埋まっていたらどうだろう。あなたがビジネスよりも、製品について強い興味があると思われても仕方ないだろう。肝心なのは、製品ではない。あなたのビジネスであり、投資家はそこを知りたい。

ぼくはこれまで、ビジネスそのものが起業家自身の人生と興味の発展だと言ってきた。しかし、だからといって、「製品にこれまで以上にのめり込むためのビジネス」という印象を与えるのはいかがなものか。あなたはそれでいいかもしれない。しかし、投資家はあなたではない。投資家はビジネス全体について考えている。だから、あまりに製品だけにこだわっているようだと、一体いつ製造やマーケティングの課題に注意を払うんだと訝しく思うはずだ。

製品について書くコツは、エンドユーザーに対して、どんな優位性を与えることができるか。ここをわかりやすくしよう。この優位性は、ボワッとした概念だったり、顧客に売りにくいものであってはならない。

優位性を語るにあたり、競合品との差異について議論するのはあなたの市場についての知識を披露できるチャンスだ。とはいえ、競合品の欠陥にあまりこだわるのはよそう。誰か他人の足りなさが、競争相手をより賢く見せることなど、ないのだから。

4 マーケティング・プランについて書く

あなたが商品をどうやって市場に送り込むのか、ということは、市場で何が起きているのかと同じくらい重要だ。十のうち九のビジネスプランは、この大切な点を、あまりに簡単にスキップしてしまっている。こんな具合だ。

「私たちはさまざまな展示会に出展し、適切なメディアに広告を打ち、遠隔地についてはセールスレップ（販売代理人）を雇う」

あるいは、自分の能力や強みを誇張する。

マーケティングは難しいものだ。新しい会社や商品にとっての良いマーケティングプランというものは、シンプルで、ポイントを的確についており、わかりやすいものでなければならない。さらに言うなら、

(1) いざというときのための緊急事態への対応策を持っており、

(2) 具体的かつ現実的で達成可能な目標を設定していて、

(3) 目的を過大に表現することがない

ことが必要である。創業時は多額の出費を控え、間接費も抑えよう。

少数の人が力を合わせ、明確なターゲットに向けて創造力に富んだプレゼンテーションや販売促進を実行する。これが理想だ。

あなたが始めようとしているビジネスが航空会社であろうと、デイケアセンターであろうと、この注意点は同じである。

5　競合分析を書く

競合分析は書き手の器量が問われる。誰しも悪口は目にしたくないものだ。ビジネスプランの第一稿には、ライバルへのひと刺し、ふた刺しくらいはつい書いてしまっているかもしれない。迷うことなく、削除しよう。

魅力的な競合分析は、競合他社に対する敬意と深い理解が感じられるものだ。プランの品質は、競合相手をどれだけ知り、理解しているかで判断されるものであり、決してあなたの嫌悪感や優越感ではない。皮肉なことだが、プランの読み手は競合についての記載で、書き手（あなた）の器量をより多く学ぶのである。

6　経営陣について書く

ここで再度念を押しておきたい。あなたやあなたの共同経営者について、背伸びして書いてはいけない。投資家（企業であれ、個人であれ）がビジネスプランを読んだ後、実際に会ったら、いっぺんにバレるだけの話だ。ビジネスプランのほかの部分と同じく、判断に迷ったら、控えめにすること。謙虚かつ率直に。

間違っても「完成した経営組織がある」ふりをしてはいけない。肩書など、生まれたばかりの会社にとっては無意味だ。だからできるだけ控えめに、節度を持って使うようにしよう。スミス&ホーケンの場合、社員は150人いるが、肩書を持っている人は法で定められたわずか四人だけだ……社長、副社長、財務担当、秘書。会社の小さいうちはChief financial officer: 最高財務責任者（CFO）も、Chief operating officer: 最高執行責任者（COO）も、Executive vice president: 執行副社長（EVP）も、いらない。経験と時を経て、組織が複雑になっていくに従い、これらの肩書はおのずから必要になってくるものだ。

会社というものはわざわざ自分からせずとも、放っておいても複雑さを増す。さらに、あなたが肩書にこだわるのは、チームワークに慣れていないからではないか、と思われてしまう。誰も起業家のエゴの旅に付き合うつもりなどさらさらないのである。

7 — 財務計画について書く

5年先までの財務計画を書くのは難しいかもしれないが、ここがビジネスプラン中、最も興味を引く部分なのだ。なぜなら、プランは通常、資金を獲得するためのものであり、それは別の言葉に換えるなら、世の中に存在を許されるための許可と言ってもいい。よって、しっかりした計画、アサンプション（前提）設定、市場予測がいる。現時点では不案内なことを問われるのである。活発な成長予測を求められる。と同時に、自分自身が可能だと感じる「本当はどうなのか」を正直に追求する必要がある。

ビジネスが財務計画通りにいくことは稀だ。だったら財務計画を軽んじたり、低めに予測したりしていいかというと、もちろんノーだ。財務計画はそこに込める思想が重要なのであって、当てもののように的中率を競う類のものではない。

ビジネスと、それを取り巻く経済のどんな小さなディテールでもきちんと読み込み、考えることなしには、5年先の未来を予測することなんてできはしない。プランや戦略ももちろん大事だが、ビジネスを成功に導くのは何をおいても、ディテールなのである。財務計画に記載されている数字の背景には、あなたのディテールに対する理解と期待がある。だから、数字は念には念を入れて丁寧に磨き上げられなければならないのだ。

手練れのビジネスプランの読み手は、つじつまの合わなさ、省略、矛盾を遠慮なく指摘するはずだ。そこで、本番の前に、知人で財務知識のある人にプレゼンし、問題がないかチェックしてもらって、手を入れよう。必要なら、何回でも。プランの中にある前提条件などはすべて、口頭でもきちんと説明できるように、裏付けを用意しておこう。

いろいろ大変だと思うかもしれない。でも、必要なことなんだ。プラン作成のプロセスに真摯に向き合い、手間ひまかけることで、あなたがこれからやろうとするビジネスの細部にわたる知識と自信をもたらしてくれるはずだから。

第6章

お金

Money

一部の例外は別として、世の中の大半の人がお金をあり余るほど持ったことがないというのに、どうやってお金の扱い方を学ぶことができるというのだろう？

かく言うぼくはミドルクラスの生まれだが、8歳のときに一家離散してしまった。両親が離婚、三人の子どもはそれぞれ別の親戚の家にやられた。それきり、家族は二度と元に戻らなかった。快適な生活は終わりを告げ、クリスマス・ディナーはコーンフレークと温かい粉ミルクになった。プレゼントもクリスマスツリーもなくなった。

この話を明かした人は、実はこれまで六人にも満たないはずだ。同情されたくはないし、それが話の要点ではないから。それでもここでこの話を持ち出したのは、ぼくたちの多くが次のように考えているからだ。「人生には、お金のないことによって不適切な扱いや不公平な状況を経験し、侮辱や屈辱を受けることがある」

本人が直接そのような目に遭わないにしても、間接的に、誰か他人のそういう姿を目にしている。加えて、テレビ、映画、雑誌などが発信する情報が混ざると、自然にお金を軽蔑するような世代が生まれる。結果、お金をよく理解し、お金とうまく付き合いながら働くことに不慣れな社会が生まれることになる。

どうやら必要以上に、お金にはある種の偏見がつきまとっているようだ。ぼくたちはお金、ヒト、ビジネスの関係をすっきりと整理することができていないようである。

よって、お金の問題はビジネスにとって、そしてヒトにとっても最後のタブーになってしまったようだ。自らの宗教上の問題や性のあり方については語り合っても、友人や親戚の間で「いくら年収があるんだい？」という質問をしようものなら、非難轟々のはず。本書で仮にぼくが自分の年収、資産などについて書いたら、おそらく読者は鼻白む思いをするに違いない。ぼくは実はゲイだったとか、はたまた禁欲主義者だとかいう個人の性のあり方を告白したほうが、むしろ素直に受け止められるはずだ。

個人事業主に、いくら稼ぐのか尋ねてみるといい。タブーに逃げず向き合うだけではなく、彼女（彼）が自分の価値を金銭で定義するありようを学べる。

「お金の問題はビジネスパーソンにとって重要な問題ではない」などと言うと、おかしく聞こえるかもしれないが、ぼくが言いたいのは、まさにこのことなのである。

スモールビジネスの失敗についてのリサーチを見てみると、たいていは資金不足が原因という。しかし、この言い草は、たいていの離婚の原因がケンカだというのに似ている。しっかり考えるべき本当の質問はこうだ。

「何が資金不足をもたらすのか」

第2章で、「スモールビジネスにとってあり余るお金は少なすぎるより大きな問題だ」と指摘した。ビジネスにおいて、お金は何も生み出さない。逆に、お金に恵まれると、アイデアも、新しい施策に打って出ることもなくなる。

お金というものは、過去の物事の上をなぞって歩くだけだ。そう、後追いはするが、先導はしない。ビジネスパーソンがなすべきことは、お金を思索、戦略、自らの振る舞いや行動を通じて育むことである。

本章でお金について考えるに際し、自己資本利益率（ROE）、当座比率、返品率、借入金比率といった、よくあるトピックについては省こうと思う。

これらの財務基準はもちろんビジネスの成功になくてはならないものだが、すでに広く議論されているし、いまさらぼくが新しいテクニカルな知識を追加できるとも思えないから。

しかし、ほとんど語られないのが、お金に対する姿勢の問題だ。そして、この姿勢は、創業期や成長期のビジネスにとって非常に重要であり、誰もが影響を受ける。お金を正確に、機械的といえるまでに扱うことで、みんなが感じる不安や居心地の悪さを打ち消してくれるようになる。

ビジネスを創業するのに使うお金の額で、あなたのお金に対する姿勢が決まる。ぼくは最初のビジネス「エリュウホン」を５００ドルで始めた。「スミス&ホーケン」は10万ドルだ。

エリュウホンを創業した頃、５００ドル以上のお金を持つと落ち着かない思いがした。しかし、それからほんの10年少しで、10万ドルより少ないと不安に思うようになった。これは、二つのビジネスの性質の違いではなく、ひとえに、ぼくのお金に対する姿勢が変わったことによる。エリュウホンを始めた頃のぼくは、自分自身にも、お金にも自信がなく、まだまだ学ぶべきことがたくさんあった。


あなたはビジネスを、自分が心地よく思える金額の資金でスタートするべきだ。そして、その資金は、自分が心地よく思える先から手配しよう。

スミス&ホーケンの場合、その気になれば大きな金額を手に入れることもできたが、小さく始めた。もうその頃は資金集めに苦労しないほどには信用もついてきていたが、それまでに積んだ経験から、小さく始めることを学んでいた。

英国のブルドッグ・ツール・カンパニー社に2万5０００ドル、コンテナ1台分の商品を注文した。同時に、『オーガニック・ガーデニング』『ニューヨーカー』『ニューファーム』をはじめとする何誌かに、１インチ（2・5センチ）の広告を打った。１チンチ広告は最小で、一般的には、靴やネクタイ補修サービスといった、こまごました商品の独壇場だった。

ぼくたちの広告は、こうだ。熊手の写真に「英国風ガーデニング・ツール。カタログ無料進呈」。そして当時の会社住所（カリフォルニア州パロアルト、ホーマー68）。4か月広告を出した。487件のカタログ請求があった。しかし、実を言えば、この段階ではまだカタログは作っていなかったんだ。ビジネスを先に作ることから始めたのだった。

パロアルトの工業地域内にある、しょぼい一角に賃貸スペースを見つけた。サザン・パシフィック・トラック社、材木置場、工具レンタル屋さん（家主だ）、パイプフィッター（複雑な配管システムの設置、組み立て、製造、保守、修理を専門とする職人）の倉庫……これらが押し合いへし合いしている中に、よっこらしょと割り込んだ。オフィスといっても、ゴミ捨て場で拾った机2つ、電話2台、中古カーペット、そして1000平方フィート（約28坪）ある空っぽの倉庫（訳注：28坪は、日本の一般的なマンションの3LDKよりやや広く、4LDKよりやや狭い）。窓なし、暖房なし、プライバシーなし。消防法の関係で、家主とその従業員たちは昼夜問わず、自由にぼくたちのオフィスに出入りできた。げんにうろうろした。

隣の修理工場でチェーンソーやコンプレッサーのテストがされたりしたときは、お客さんがかけてきてくれた電話が聞き取れないこともあった。折り返しこちらからかけた。訪ねてきてくれたお客さんや取引先は、ぼくたちを発見できなかった。そもそも住所「ホーマー68」は、地元住民にもわからないものだった（1年後、商売に自信がつき始めた頃、やはりわかりやすくないといけないということで、アートスクールの学生に看板を描いてもらった。ヒッチハイクしていたのをぼくが乗っけてあげたご縁だ。料金はきっちり68ドル（笑）。ぼくたちのビジネスは軌道に乗り始めていた）。

コンテナのドアが開き、最初の荷物をひと目見たとき、ぼくたちは興奮した。ご近所の道具レンタル屋さんから拝借した荷下ろし用カートのほかには何一つ財産がなかったけれど。米国では英国風の園芸道具はほとんど知名度がなかったので、品種を多めに注文した。人と違う方法をやらずして、うまくいくわけがない。

コンテナから商品が次々と姿を現すのを見ながら、別の考えが浮かんだ。ぼくたちのやっていることって、ビジネスというよりむしろ、人類学的発掘調査なんじゃないか？　というのも、普通によく見かける園芸用熊手に飽き足らず、同時に6キロもあるスリランカ製の茶畑用熊手も注文した。それは歯の長さが33センチもあり、太さは赤ん坊の足首ほどもあった（のちにモンスター・フォークとあだ名をつけて販売した）。ほかにも、アイルランド製のやら、スコットランド製のやら、とにかく「変わった、ほかにはないもの」ばかりが次々と顔を出した。

注文した道具が全部倉庫に納まった。2500点あった。レイという工具レンタルショップの責任者が道具であふれた倉庫内を行ったり来たりした。レイは最近オクラホマからここカリフォルニアに引っ越してきたばかりだ。お世辞の一つも考えてくれているんだな、と思った。ところがなかなか口を開かない。言葉に詰まり、苦悩しているみたいだった。ぼくはまるで地域に溶け込むのを拒絶された移民のような気分になった。ようやく口を開いた。「頑丈そうだなあ」。その後ぼくたちは3年間倉庫をシェアしたが、レイがぼくたちの商品について語ることはなかった。[※14]

その日午後遅く、フィロ・ポッタリー（Philo Pottery）[※15]のカップルが車でやってきて、126ドル分の道具を買った。小切手で支払った。

「商品（道具たち）は今朝届いたばかり。どうやってぼくたちのこの会社のことを知ったんですか？」聞いてみた。

「友だちからだよ」

こうして、意識することなく、彼らはスミス&ホーケンをスタートさせてくれたのである。[※16]

ビジネスを始めるにあたり、お金について胸がきりきり痛むような心配──「お金を失ってしまうんじゃないか」「借金の返済をどうしよう」──をしなければならないのは、愚の骨頂だ。はじめはスローに、手堅く始めるのが良い。できれば自己資金でやろう。そうすれば利息の支払い、ローン返済のスケジュールといった煩わしさがないし、仮に何かあっても面子を潰されることもない。それに、自分のお金を事業に使えば、お金に向き合う背筋がぴし、と伸びる。この背筋の伸びた姿勢は、人のお金を使っていたらなかなかわからないし、わかったとしても持続しづらいものだ。未来を見通す距離感ある視点は、自腹でこそ身につくが、借金や投資家の資金では失われがちだ。

「人間に必要な足の長さってどれくらいだと思う？　地面に届く長さで十分だ」リンカーンの言葉だ。

さて、ビジネスに必要なお金って、どれくらいだろう？　リンカーンの顰に倣うなら、市場に届く金額で十分だ。お金は自前主義でいこう。市場の核に最短距離で到達できる。

資金がなければ、キャッシュフローを生み出すために、一刻も早く何か売らなければならない。この、「キャッシュ即効性」のためには、あなたの商品（製品・サービス）は品質が良く、役に立つ必要がある。これが商品を磨くのに役立つのだ。事前に千の調査研究をするより、実際に自分でやってみることで、自社の強みと弱みを明らかにしてくれる。腹が減ったときと同じく、資金の不足は、自分の置かれているビジネス環境について痛いほど気づきを与えてくれるのだ。

自前主義のビジネス[※17]は、まるで栄養失調の子どものようだ。お金を求めてわんわん泣く。あなたはビジネスを軌道に乗せるため節約し工面する。しかし、お金の問題を頭から追い出すことはできない。しかし、ビジネスが確立されたあとで振り返ってみると、結局のところ、鍵を握っていたのは新しい資金源ではなく、奮闘の過程で培った勇気と積極性であることに気づくはずだ。間接人員を減らす、ケチケチ作戦、予算を減らす、といった策もダメだ。創造性と不屈の粘りだけが生き残り策なのである。

小なりといえど、街で誰も手をつけていなかったニッチな市場に一番乗りで商売を成り立たせていれば、お金やほかの圧力がかかっても強靭に跳ね返すことができる。何によらず、いの一番というのは強いものだ。

さて、これから、ぼくの「成功する自前主義」の秘訣をシェアしよう。実際にぼくがこうして生き延びてきたわけだし、お金を失うことなく、ビジネスを育てることにも有効だ。

小さく産め

自前主義の真価かつ強みは、その小ささにある。イージーに手に入るお金でいたずらに拡大して強みを損なってはいけない。自分のお金で学ぼう。

自宅に第二、第三の抵当権を設定しろとか、子どものための貯金に手をつけろと言っているわけではない。あなた自身の貯蓄の範囲内でビジネスすることをおすすめしているのである。たとえ失敗したとしても自尊心が傷ついたり、不安や恥ずかしさを感じるなんてことはないだろう。何といっても、自分のお金なんだから。

パートタイムで始めるのもいい。ダブルジョブ、副業でもいい。リスクを避けることができ、安全だ。アリス・メドリッチがココラを創業し、チョコレートトリュフの小売を始めたとき、まだビジネススクールの学生だった。大きく始めると、本来は市場に向き合うべきなのに、お金を借りた人や投資家の顔ばかり見ることになってしまうよ。

ビジネスを始めてしばらくはお金を儲けようとはしないことだ。最初の数か月、あるいは1年くらいは練習と思えばいい。

いやいやウチははじめからお金が入ってきた？　それは結構なことだ。しかし、ビジネスを始めて、お金を失わなかったとしたら、それだけでもとびっきりの成功と言っていい。あなたが自分のビジネスにお金を貸しているのは、次のことを検証するためだ。すなわち、拡大するだけの意義はあるのか。これから何年も自分の時間を費やす価値はあるのか。そもそも市場は興味を持ってくれるのか。

最初の仮説はことごとく裏切られると思っていたほうがいい。一晩で大成功、といった話は物語としては楽しい（コンパック・コンピュータは紙ナプキンに書いたビジネスプランで初年度売上1億1000万ドル！　といった類の話だ）。そのような「カンタン成功物語」を読むと、われわれ凡人[※18]としては、目の前に大きなチャンスが転がっているのに気づかないなんて、と歯噛みしたくなる。安心しよう。成功物語を書いている本人もまた、凡人なのだ。そんな簡単に成功が手に入るはずがない。

創業初年は、語ることに徹しよう。良識ある未来の投資家候補――つまり、親戚、友人、銀行の担当者といった人たちへ。アイデア、スタートの経緯、目指すゴールは。好調と不調、そこから何を学んだか。どう改善したのか。

飾らず、洗いざらい素直に話そう。話している中で、キャッシュ、ローン、アドバイス提供の申し出があったら、アドバイスだけ、ありがたく頂戴しよう。「お金は大事です。必要になったときにこちらから連絡を差し上げますので、そのときはよろしくお願いします」こう言おう。

ゼニカネ問題にはあっさりした態度を保とう。出資させてほしいという申し出があろうとなかろうと、あるいは「検討している」という人であっても、丁重に話題を切り替えよう。これは何も策略ではない。

先にお金の話題を向こうから言っていれば、後になっていざお金の相談をしなければならなくなったとき、話しやすいものだ。

「ちょっとお時間いただけませんか？」と。

親戚や友人があなたの顔を見てお金の話題を出すようになったら、あなたと彼らはそれまでの、「親戚」や「友人」から、ある新しい関係になったと考えていい。とはいえ、あなたがオープンにビジネスの中身について話していなければそういう関係にはなり得ないものだ。率直でいよう。あなたが有言実行かどうか、人は見ている。来月これこれをやりますと言う。来月本当に実行しよう。見ているよ。銀行はこちらが必要ないときに融資すると言われるが、人は成功しているビジネスに、必要ある・ないにかかわらず、お金を貸したり投資したいと考えるものだ。決めた通り、スケジュール通り、目標通りに実行する。人や資金を吸い寄せるのはこのような実行なのである。

必要になる前に手を打て

ビジネスが育っていくに従い、早晩あなたはキャッシュが必要になる。業務オペレーションを控えめに、自腹主義でいっていたとしても。必要になる前に手を打とう。理由は三つある。

第一に、資金需要について幅広い観点から検討するための時間を取れる。この段階では、話しやすい人や組織と接触することが可能だ。負い目を感じることなく、「お互いのメリット」を主眼に議論することができる。何かに妥協することなく、ベストな人、ベストな組織と話せる。

第二に、待ったなしにお金がいるなんていう状況になると、人は絶望的な気分になる。絶望はやりきれない。たとえば、次のような質問にさらされたりする。現実に誰かから面と向かって言われることはない。ただ、そんな気持ちに追いやられてしまう。

「君が優秀なビジネスパーソンなら、どうしてこんな羽目になってしまったんだい？」

もっともな質問だが、簡単に答えられるものか。

第三に、絶望的な気分のあなたを見ると、投資家は酷な言葉を口にする。

「そこのドアから出ていけ！」

そして、いついかなるときでも忘れてならないことは、お金を使うリトマス試験紙は、「使っているときの気分がどんなものか」だ。ゼニカネ問題で心に傷を負ってはいけない。そこをしっかり押さえていれば、ビジネスを育てていく中で免疫ができ、健康的にやれるはずだ。

成長率が10パーセントだろうと150パーセントだろうと関係ない。そんなことは問題じゃない。他人と比較してはいけない。メディアが好んで騒ぐ「スピード成功（サクセス）」なんて忘れることだ。大切なのは、成長率の数字ではなく、成長があなたにとって心地よいかどうかだ。ビジネスとは、結局のところ、あなた自身なのだから。

友だちからお金を借りる

たいていのスモールビジネスにとって、友人は最初に思いつく借金先だ。しかし、これは非常にデリケートな問題で、借金を返してもらえずに気まずくならなかった友人関係を聞いたことがない。よって、創業資金を、返すあてもないまま友人から借りようなんて夢にも思ってはいけない。

いろんな先から資金を集めることができるか否かを決める重要な指標はたった一つ、あなたのキャラクターだ。

人があなたを尊敬したり信用したりするのは、あなた自身が他人様（ひとさま）のお金をどう扱い、どのように敬意を持って接しているかで決まる。あなたの人となりが判断されるのは、ひとえにいまぼくが述べた点なのだ。

友人や親戚から借金するときのもう一つのデリケートな問題は、発言力だ。これは誤解を生みやすい。「個人的にポケットマネーで」お金を貸してくれた人は、往々にして経営における発言力をある程度持っている、と判断してしまう。お金を借りる際にはくれぐれも、「カネは出してもクチは出さないでほしい」と念を押すことだ。

オールド・ニューヨーク・ブルワリーの創業者、マシュー・ライヒは開業資金100万ドルの4分の1にあたる大半を友人・知人から集めた。中には出資した途端、ライヒを友人というより、「カネのなる木」と見て、ほとんど交際らしい交際をやめた人も何人かいた。彼らにとって大事なのは、一日でも早いキャッシュのリターンだ。だから、ライヒが後に株式市場から400万ドルを調達したとき、自分の経営への支配力・発言力が薄まったと思ったはずである。株式市場の資金調達により、オリジナルの出資者は、出資金額を増やさない限り比率が低くなることになった。

この事例は、いいとか悪いとかいう話ではない。言いたいのは、友人と、ビジネスの中身についてきちんと語り合うことなく出資してもらった場合の難しさについて、である。スモールビジネスにありがちな話だ。ややもすると商売敵のほうが、友人たちよりビジネスの中身についてよく知っているものだ。

出資者は会社の所有権、共同経営権、株式の持ち分について知りたがるものだ。株を発行し、会社の所有権を分散する場合、所有権と経営権とは違うということをはっきり述べておく必要がある。

ぼくがある会社を始めたときのこと。かつて大変世話になった友人が、息子に株を売ってはもらえまいかと頼んできた。息子は大金を相続することになり、投資先を探していたのだ。恩人の頼みということで、言う通りにした。数週間後、くだんの息子は会社にとってやっかいな存在となった。さらに数か月後、彼は会社を乗っ取ろうとした。

ぼくがお金のことにあまりに否定的だと思わないでもらいたい。あなたのビジネス経験が乏しいか、まったくない場合、考えられる資金源はきわめて限られてくるはずだ。だからといってその状況と真っ向から戦うのではなく、むしろ、いったんふわりと受け止めよう。そして、自分のほうに風向きが来るように仕向けるんだ。階段を上がるのと同じで、資金調達の道は一段一段の積み重ね。借りては返す、また借りては返す、の繰り返し。階段を一気に六段飛びするような真似はできないし、してはいけない。

次の事例は知人の話だ。彼は12年間、ある成功した会社で働き、副社長にまで上りつめた。

若くしてその会社を辞め、株の利益を得た。家を抵当に入れて友人から借金し、新しくビジネスを始めた。機材のレンタルサービスの会社だ。２か所に拠点を置いた。多額の借金利子返済のため、会社を急成長させる必要があった。運転資金も必要だ。借金で賄った。しかしすべては無駄に終わった。会社は倒産した。彼はもう一度サラリーマンに戻った。高給を得たが、失敗したビジネスで背負った負債は、給料だけでは生活できないほど重かった。月に１０００ドルの赤字だ。彼は過剰なストレスでメンタルを病んでしまった。

こういう類の話はなかなかオモテには出ないものである。だから話した。農場経営に成功し、バラ色の成功を収めた、といった話ならよく耳にする。そのような成功物語はたしかに勇気をくれる。元気になる。しかし同時に、目を曇らせてしまう点も見逃してはならない。

機材のレンタルサービスの会社を起こした彼は、たしかに成功した会社で12年のキャリアがあるが、自分のビジネスを所有したこともなければ、経営経験もないのだ。**ビジネスを所有することと、会社の中で社員として働くということは、まったく違う。**

もし彼が創業時にこのことを知っていたならどうか。おそらく拠点は一つに絞り、共同経営か、フランチャイズという道を選んでいたかもしれない。いずれにしても、自分の収入、あるいは他人様の投資へ過度に頼るような方法は取らなかったはずだ。

現実の彼はとうてい返済不可能な、手に負えない額の借金を背負ってしまった。彼は誠実な人柄だ。そして、誠実だからこそ、この失敗で立ち直れないほどの傷を負ってしまった。彼の人生を全部覆ってしまうほどの重荷となった。

本書を読んで、仮に何一つ得るものがなかったとしても、これから述べるたった一つのことだけは忘れないでいてほしい。

ビジネスを始めるのは、人生を地獄に変えるためではない。そして、地獄への最短距離は、多額の借金をすることだ。

誰にも資金的援助を受けず創業する「自前主義」のほかに、もう一つ、「浮上アプローチ」がある。このアプローチでは、まず最初に、お金が出ていく出費項目の棚卸しから始める。マーケティング調査、企画、分析、資金獲得の詳細なプラン……。「浮上アプローチ」という名前の由来は、創業時の、「水面下」の最初の数年に行うであろうことを思い描くところからきている。損益分岐点に達するまでお金は出ていくばかりだ。コスト競争力がつくほど成長するまでは資金を食う一方である。あくまで理論の上だが、出た利益は初期の損失の埋め合わせに充てられる。

浮上アプローチは、情熱、献身、絶え間ないエネルギーとハードワークで実現される。さらに加えるなら、前職のビジネス経験、訓練、商売人としての腕。そしてこれらは、創業者に、マーケティング調査や数字で埋まったスプレッドシートの前にあるモヤモヤした霧の向こうを見晴かす力を与えてくれる。そして、大事なことなので最後に言うが、浮上アプローチは資金調達への最短の手段なのだ。

創業時、自前主義と浮上アプローチのどちらの成功率が高いのか、研究などされたことがないはずなので正確なところは知らない。しかし、たいていのスモールビジネスにとって、自前主義のほうがうまくいくことは、別の統計数字の裏付けなど必要ないほど明らかだ。まだ見ぬあなたのビジネスにおすすめするのは自前主義だ。

しかしながら、短期間で自分のビジネスを大きく育てたいという場合には自前主義ではなく、伝統的なビジネス手法（浮上アプローチ）のほうが適している。ある種のビジネス、たとえば、ハイテクベンチャーやマシュー・ライヒのニューヨーク・ブルワリーのようなケースでは、ベン＆ジェリーが最初のアイスクリーム店を開業したときよりも資金需要が大きいと思われるからだ。

野心に燃える浮上アプローチ派が留意しておきたい重要な問題を言っておこう。資金調達のための条件が三つある。次のいずれかを満たさねばならない。

第一に、あなた、あるいはあなたの共同経営者（いたとして）が十分にビジネスに熟達していること。第二に、その両者がしっかり信頼の絆を築いていること。そして第三に、製品・アイデアが飛びきり素晴らしいものであること。世間の風は冷たい。手ぶらで外に飛び出したところで、見知らぬ人が資金を提供してくれるほど甘くはない。

マシュー・ライヒはかつて銀行の融資担当だったが、だからといって何一つ有利なことはなかった。銀行はどこも融資してくれないとわかっていたし、ベンチャーキャピタルもまた同じだと知っていた。事実、新しいビジネスアイデアにベンチャーキャピタルが出資するのは、1万分の1の確率だろう。

友人は長く飲料事業に身を置いた後、退職して「冷蔵ろ過バイエルンバッチブルワリー」[※19]をカリフォルニアで始めた。

本書執筆時点で、彼は500万ドルの資金調達をしようとしている。500万ドルもの借金をすれば、毎年常に右肩上がりを果たさねばならない。一回でも売上が落ちたらアウトだ。そして、年を経るにつれ、彼の成功のチャンスは遠ざかっていくはずだ。

実は、この友人がブルワリーのアイデアを実現に向けて動き出したのと、ライヒがニューヨーク・ブルワリーを始めたのは、ほぼ同時期である。ライヒは25万ドルという、穏当な金額でスタートしている。現在、ライヒのニュー・アムステルダムビールは400万ドルの売上となっている。うさぎとカメの寓話を思わせるって？　ぼくもそう思う。

ペルー・シンドローム～まったく、銀行ってやつは

米国の銀行は、発展途上国、不動産会社、エネルギー会社、手を広げすぎた農場経営者などに、返るアテのない馬鹿げた資金を提供してきた。そういった「大手」の融資先に比べれば、スモールビジネスからは遥かに小さい回収不能の被害しか銀行は被っていない。にもかかわらず、スモールビジネスが銀行から融資を受けることは信じられないくらい難しい。

ぼくはこのことを「ペルー・シンドローム」と呼ぶ。数百億ドルの負債がありながら返済不能と投げ出した、発展途上国グループの最初の国を記念しての命名だ。

スモールビジネスに対して、銀行はドアを閉じようとしている。

スモールビジネスにとって、銀行は最も保守的な資金調達先だ。皮肉なことだが、借金の金額が大きい場合のみ相手にしてくれる。小さいときは見向きもされない。そこで、あなたの銀行ローンの与信方法は2種類となる。第一に担保、第二に個人資産だ。

いい実例がある。

スミス&ホーケンは当時数百万ドルの売上があった。負債もなく、高収益を上げていた。にもかかわらず、自社ビル購入資金のための不動産ローンをバンク・オブ・アメリカで組むことができなかったのである。ぼくたちをソデにした直後、同銀行はテレビと新聞で「私たちはスモールビジネスの友人」という広告キャンペーンを始めた。

皮肉なことに、同銀行はかつて本当にスモールビジネスの友人だったことがある。1904年に銀行を始めたとき、A・P・ジアニーニは、零細経営者が銀行からアンフェアな扱いを受けていると思った。だから自分の銀行だけは抵当なしでも、相手の人柄と、やる気に感じるものがあれば、気持ちよく融資しよう。そう考えた。やがてバンク・オブ・アメリカは「弱いものの味方銀行」として知られるようになった。80年後、その「弱いもの」はブラジルとメキシコに姿を変えた。

銀行の融資を受けるもう一つの側面は、銀行とビジネスをすることである。重ねて言うが、バンキング機能があまりにも所有権に集中してしまっているので、「持たざる」スモールビジネスは簡単に破綻してしまうような仕組みになっている。

小売業として、スミス&ホーケンはVISA、マスターカードと提携している。銀行にとって、カードの決済口座になることは悪くない商売だ。黙っていても、カード決済があるたび、数パーセントの手数料が入るのだから。

ぼくたちが最初に取引していたバンク・オブ・アメリカは、あるとき間違って、顧客に二重請求してしまった。顧客の目から見れば悪いのはスミス&ホーケンだ。そこで銀行から顧客へ手紙を出して詫びてほしいと頼んだ。銀行はぬらりくらりした挙げ句、手紙を作ったが、文面はきわめてわかりづらく、責任の所在が銀行にあるのか、それともスミス&ホーケンかわからない書き方だった。

数か月後、三重請求をしたとき、ぼくたちは銀行を変えるときだと判断した。

ウェルズ・ファーゴを訪ねた。ぼくたちのオフィスの2ブロック先にあった。当時数百もの支店を持ち、米国内でも7番目の大銀行だ。

「クレジットカードの決済を御社にお願いしたいのですが」

マネジャーはスミス&ホーケンを知らないようだった。小さな街だ。スミス&ホーケンはその中で目立つ商いをやっているはずなのだが。ぼくたちがカタログ販売をやっていると知ると、マネジャーは当行では残念ながら御社とはお取引できかねます、と言った。「通販会社は体力が弱いものですから」。会計監査をきちんと受けた過去3年間の財務諸表をお持ちいただければ再検討しないわけでもございません、と。

カード決済口座は銀行にとって立派な商品（サービス）の一つのはずである。しかし、当時のウェルズ・ファーゴはクロッカー銀行を買収するのに忙しかったのだ。

この事例の教訓。あなたの街に地銀があるのなら、都市銀行よりうまくいくかもしれない。なぜなら、コミュニティを築く社会的な絆がバックとなり、融資やそのほかの銀行サービスの提供を受ける際の可能性を広げてくれるから。

本気で銀行から資金調達を受けようとするのであれば、銀行員がノックアウトされて二つ返事でOKが出るよう準備を怠らないことだ。たいていの銀行のマネジャーや融資担当者は、自分で会社経営をしたこともなければ資金繰りで胃のキリキリ痛む思いなどしたことがない。だからこそ、あなたのビジネスのアイデアだけでは担保になり得ないのである。

銀行員が仕事しやすいようお膳立てしてあげることだ。たいていの銀行員の知っているビジネスは一つか、せいぜい二つだ。おそらくあなたが自分のビジネスプランを持ち込んでも、彼ら銀行員にはまったく理解不能だろう。「申し訳ないですが、私はあなたのおっしゃるアイスクリームビジネスについてはよくわからないのです」と正直に言う代わりに、いかにも賢く見えるようにして、質問をいくつかするのが関の山だろう。

そうなる前に、十分に準備して、事前に資料を提出しておき、銀行員の理解を助けてやろう。そうすれば、いざ融資の中身について話を始めるとき、銀行員はあなたのビジネスについて十分理解した上で話せる。気持ちに余裕が生まれるし、行内の融資検討会議でも味方になってくれるはずだ。

ただし。

晴れて融資が認められたとき、銀行員があなたの第一子を抵当に取りたいと言ってきても驚いてはいけない。

たくさん借りる？　それとも無借金でいく？

銀行の場合で考えてみよう。あなたは融資してもらうことに決めた。融資可能枠いっぱい借りたい？　よろしい。しかし、ぎりぎりまで借りた場合には、少なくともその2倍、クチバシを突っ込まれることを覚悟しなければならない（きっと胃潰瘍になってしまうはず）。

ぼくがフードビジネス（エリュウホン）にいたときのことだ。一所懸命に蓄え、自分個人の信用枠で銀行から100万ドルの融資を受けることに成功した。手形の支払期日は90日後というのが慣例だった。

借入額はエリュウホンの自己資本を遥かに超え、しかも、ニクソン大統領の賃金物価統制政策（1971〜72年）[※20]のおかげで、金利が当時の史上最高、13パーセントも上昇をした。

あわてた銀行の監査担当者がぼくたちへの貸付内容を調べたところ、この高金利のもとでは、返済能力を超えてしまっていると判断した。キャッシュフローの額を勘案すると、あまりにも大きい金利の支払いとなったのだ。銀行は手形を回収すると言い始めた。

悲劇だ。みんな、他人事ではないのでよく聞いてほしい。

当然のことだが、ぼくは手形を現金化する必要に迫られた。週に3万から5万ドルにものぼった。しかし、もはやぼくにはそのような支払い能力はなかった。仕入先は怒った。社員への給料が払えなくなった。さて、この問題の解決方法は……いまとなってはわかるが、当時気づくまでは本当に苦悩の数週間を費やした。

ある月曜の朝、ぼくは銀行の副社長を訪ねた。

「お手上げです。このままでは貴銀行は1セントたりともうちの会社から回収できなくなりますよ」お得意のボストン訛りで、そう言ってやった。

すると、奇跡が起きた。ぼくは銀行を訪問するときには帽子を脱いで手に持ち、控えめな態度で敷居をまたいだものだ。ところがどうだ。このぼくの一言のあと、プルーデンシャル・タワー48階にあるエグゼクティブ・ダイニング・ルームに通された。ほんものの日本画、コキーユ・サンジャック（Coquilles Saint-Jacques、帆立貝のフランス料理）、イチゴとアスパラガス、そしてデザートには銀行役員たちからの甘い言葉。

ぼくが「問題」になるや否や、銀行はまるで優良顧客のような扱いを始めたのである。一度「悪い顧客」になった途端、一転して「良い顧客」へと変身して銀行員の目に映り始めたのだ。

ここへきてようやくわかった。銀行の連中は、ぼくが口を酸っぱくして自分のビジネスや資産について説明しても、本当の意味でわかってはいなかったのだと。

彼らが真剣にぼくの会社への貸付について考え始めるのは、ぼく（にとっても銀行にとっても）ギリギリの状況にまで追い詰められてからなのだ。ぼくは思った。いま目の前にいる銀行員たちのマインドは、ブラジル、メキシコ、ペルーに貸し付けた国際融資担当者のそれと同じなんだ、と。

フレッド・スミス（フェデックス創業者）の金言がじわりと胸に響く。

「借りすぎる最大の問題は、君が新しい共同経営者を得てしまうことだ」。フレッド・スミスのような大物なら、共同経営者という受け止めをし、何とか乗り切ることができるだろう。しかし、普通の人ならこの瀬戸際ぎりぎりのやり方は人生を地獄に追いやってしまう。以前一度言ったよね。借り過ぎは人生を地獄にする、と。もっとも、決めるのはあなただが。

ベンチャーキャピタリストの出現や株取引を始める前の段階なら、自社の資産を誰か個人に直接売却することで資金を得る方法がある。しかし、ここ数年、役所の指導や告訴を避けるため、また、悪い輩から投資家を保護する名目で設けられた障壁もあり、自社で資金調達するやり方は弁護士やその道の専門家からはあまりいい顔をされない。

とは言いながら、スミス＆ホーケンはベンチャーキャピタルにファンドを売ることも、株を公開することも、誰かに出資をあおぐこともなく、500万ドルを調達できるまでになった。かかった費用はおよそ6000ドルをちょっと超えたくらいで、その大半が弁護士費用であり、残りは移動の飛行機代やコーヒー代だ。なぜぼくたちにこんなことができたか。理由は次の通り。

1 コンスタントに成長してきた。そしてその成長は事前の予測通りのものだった。
2 投資家への情報公開をしっかりしていた。
3 新規投資家を発掘していた。これは自分たちでやったり、ほかの投資家からの紹介などを通じて行った。
4 株は、投資家が売りたいときにいつでもスムーズに売れるような仕組みにしていた。
5 「びっくり」「がっかり」「ウソつき」がなかった。
6 ぼくたちが資金調達するときは、常に必要になる前だった。
7 ぼくたちにはラック(運)があった。

ここに挙げたうちの一つでも欠けたら、自社で資金を調達することはかなり難しいと思う。順に説明しよう。

コンスタントな成長

一株あたり2ドルで、5万ドル分の株式を売って始めた。数か月後、同等の株を売った。以前のような借金はしたくなかった。理由は三つある。

第一に、負債なしのほうがビジネスはずっとやりやすい。

第二に、長期的成長を見守ってくれる「がまん強い」お金が欲しかった。長期的成長こそがぼくの目指すものだからである。出資した分の「リターン」を求めるタイプの投資家はいらなかった。

第三に、ぼくたちは投資家たちから、最初の4年間は利益を求めない「許可」をもらいたかった。その4年の間に、スミス&ホーケンの経営とシステムを健全なものに育て上げることに集中したかったのだ。

要するにぼくは、投資家たちに祖父の姿を求めていたのである。50年前に生きた保守的なエグゼクティブだった祖父は、投資から年間7~8パーセントのリターンがあれば十分と考えていた。10年の間に、投資金額分のリターンがあったなら儲けもの。11年目からリターンはすべて丸儲けというわけだ。

祖父は自分自身の生活にリズムと独自のテイストを持つ男だった。鋼とケーブルを扱う自分の会社には、毎日徒歩で通っていた。副社長の身分であれば、もっと速い通勤手段などいかようにもなったはずだが。話し方はゆっくりで、言葉をきちんと選んだ。ただ、これは祖父に限った話ではなく、当時のサンフランシスコ界隈のビジネスパーソンはみな、似たようなスタイルだったのではないかと思う。

昔はともかく、現代の投資家が10年間、年7、8パーセントのリターンで満足してくれるとは思わないが、早急なリターンや儲けを求める投資家は避けるのが良いだろう。現代風にアップデートする必要はあるが、ぼくの祖父のような投資家を求めるべきだ。

ぼくは「がまん強い」お金を求め、かつ、1セントたりとも損したくなかったので、はじめに投資家（その中でぼくが最大出資者だったが）たちと次の約束を交わした。

ぼくは、創業時に出資してくれた投資家から、同額の株を買い戻すことができるオプションを持つ。ただし、次の条件がクリアされた場合にのみこのオプションは認められる。その条件というのは、最初の4年間、毎年損益分岐点に達すること。言葉を換えれば、会社が儲からなければ、ぼくもオプションを失う。つまりお金を失う。この「縛り」は、投資家からではなく、ぼくから言い出した。しかし、いざやってみると、これほど厳しい条件を出す投資家はいないだろうと思えるほど、クリアするのは並大抵ではなかった。

さて、結果は。青息吐息、辛うじてクリアした。

1年目の1980年、売上高4万ドルで簡単に達成。それもそのはずで、創業者のぼくたちは無給、オフィスは安い家賃、出費は最低限必要な道具やカタログに使っただけだ。

2年目の売上高は23万5000ドルだが、損益分岐点へのバーは高くなっていた。ぼくも、ほかの仕事から手を引いたこともあり、わずかながらも給料を受け取るようになっていたし、社員も雇った。

3年目の秋、メール会社（カタログを仕分けし、大口割引されるよう取りまとめて、郵便局へ持っていく業務を委託していた）が、カタログの大半を失くしてしまった。発見したのはその年のクリスマスが終わったときだ。追い討ちをかけるように、年末値上がりしたドルが在庫品の価値を落とした。損益分岐点への到達は痛いほど難しかった。

4年目には140万ドルの売上高を達成したが、経費もフルでかかった。ぼくたちは給料を満額受け取り、社用車を持ち、さらには接待費も使った。そんな1年に「お金を失うな」と言うことは、まるで濡れた砂の上に足跡をつけず歩け、と言われるようなものだった。

　ぼくたちが何か身動きすれば、お金が消えた。ビジネスというものは旺盛な食欲で資金を食っていくものだ。とはいえ、ぼくたちは何とかこの年を乗り越えた。メール会社との法的和解を得たことも助けとなった。

　5年目、売上高はさらに伸びた。240万ドルに達したとき、損益分岐点は楽にクリアできるだけの力をつけたので、もう大丈夫と思った。ところが、通信販売ビジネスの「ぬかるみゾーン」[※21]が売上高100万~400万ドルの間にあることなんて、誰も教えてくれなかった。

　この「ぬかるみゾーン」にいる通販会社は、企業サイズが一時的に不利な条件へと転じてしまうのだ。コスト高になってしまう。というのも、注文、問い合わせ、請求などの必須業務のために洗練されたコンピュータが必要となり、それに伴いデータ処理のできるプログラマー、半自動の商品配送システム、テレコミュニケーション（電話は決して安いメディアではない。また、顧客に覚えてもらいやすい電話番号となると、価格も高いのだ）といった費用が重くのしかかってくるのである。

　予想に反し、5年目は損益分岐点に達することができなかった。わずかに赤字だった。しかし、おかげでぼくたちは「ぬかるみゾーン」を脱することができた。その後はずっと利益を上げ続けている。

ぼくたちは毎年目標売上高を達成し、時には超えた。創業以来8年の堅実な成長の理由は、シンプルで明らかだ。

投資家や潜在的な投資家[※22]にぼくたちが言ったことを、彼らは信用してくれた。ビジネスプランの章（第5章）で話したように、ビジネスプランは往々にして非現実的な予測で始まる。投資家を喜ばせるためだ。このようなビジネスは開業した途端、自分で描いた「バラ色の未来」を追いかけなければならない。その未来は非現実的かつ抽象的、ゆっくりと投資家の信用を蝕んでいく。コンスタント、現実的、正直、率直。これが投資家との間に信頼を築く秘訣だ。

投資家への情報公開をしっかりやろう

ぼくたちは常に投資家に情報を公開していた。量ではなく、正確さを心がけた。情報公開の場は、電話、定期ミーティング、年次ミーティングなどだ。後の章で詳しく述べるが、潜在顧客の心に響くのは、率直かつ正直な広告だ。いまのご時世、このスタイルの広告は目新しいはずだ。

そして、同じことが投資家との付き合いにも言えるのである。正直さは投資家にとって「大歓迎すべき驚き」だ。自社についての洞察力ある観察と正直な情報開示は投資家の不安を和らげ、逆に興味をかき立ててくれる。投資家が会社のことを知れば知るほど、手に入れた情報をネタにして熱心に誰かと話題にしてくれるはずだ。いま目の前で熱心に話している投資家は、得た情報をもとに自分が下した意思決定の結果に満足している。その姿を見て、自然と、ほかの潜在投資家も関心を寄せ始める。タイムリーに開示した情報の一つに、株価の値動きがある。値は常に上がり続けていた。

新規の投資家を発掘する

クチコミが効果的だ。ぼくたちは常に自社株についての質問へは丁寧に答えるようにしている。「売りになっていますか?」「どうすれば買えますか?」といった類の質問だ。最初の資本金集めのために株を発行して以来、わずか3回しか株の公開発行をしなかったので、株を買いたい人にはお待ちいただく形になった。この「お待ち」の期間に、ぼくたちは明日の投資家たちに向かって株主と変わらない情報を公開した。この人はうちの株主には適していないな、と思ったらコンタクトを取るのをやめた。

資金調達の時期が近づくと、ぼくは半年から1年前には事前に株主予備軍となる人たちに知らせた。そして株価は、やや高めに見積もって話した。しかし、いざ実際に株が発行されたら、ぼくが言った値より安く、リーズナブルに落ち着いた。株は予定通り全部売り切れた。それどころか、募集数以上の人気が集まった。

自分たちで株式市場を創る

投資家は公式の募集を待てないものだ。そこで、誰でも株を売りたいと思った人は、ストックオプション制度を利用している社員も含め、好きなときに株を販売できるようにした。実は、この「株の流動性」は非常に重要で、流動性がないと投資家にとっては有難味がない。手持ちの株の価値が上がっているのに売ることができないとしたら、投資するメリットがないからだ。

ぼくは10年ほど前に、創業を手伝ったある会社の株を10%保有している。その会社は現在1000万ドルの収益を上げるまでに成長しているが、株ときたら、まるで紙くず同然だ。クローズな経営で、売り買いがなされない。だから、株としての価値なんてゼロなのである。主要株主が売ったり、あるいは流動的に運用しようとしてもできないのは、株として意味がない。

スミス&ホーケン株は自由に売買できるが、皮肉なことに誰も売ろうとしない。売ろうと思えばすぐに買い手が見つかるので、逆にみな、売ることには熱心ではなくなるのだ。よってますます株の人気が上がる。最新の株価は1株あたり55ドル（創業時は2ドル）。これによってぼくたちは340万ドルを調達した。55ドルというのは数か月前と比較して倍になっているが、それでもまだおよそ1000万ドル相当分の株式発行のオファーをもらった。誰一人として、売ろうとしないのだ。

株の流動性は社員報酬の観点からも重要だ。ストックオプション制度を導入しておきながら、社員が自社株について的確な情報にアクセスできないのはフェアではないと思う。そこでわが社は、ストックオプション制度を「使えるもの」にした。社員は誰でもスミス&ホーケンのポートフォリオの価値を算定できるようにした。

店舗でレジ係をしているある社員は、昨年（1986年）ほぼ5万ドルを手にしている。利益分配と株価上昇のおかげだ。彼女は今年（1987年）なら、さらにもっと多くのお金を手にできるはずだ。この話をある人に話したら、彼は「ポール、君はそれで平気なのか」と聞いた。事実はまったく逆だ。これこそぼくたちの望んだこと。そう、成長する会社を生み出せたわけなのだから。

「びっくり」させない

もちろん、スミス&ホーケンにも「びっくり」する出来事はあった。しかし、株主たちは、「悪いびっくり」は耳にしていない。市場トレンドの変化に気づいたり、戦略の変更を迫られる必要が出たとき、あるいはそのほか大きな問題に発展しそうなときにはいつも、時を移さず投資家に報告した。投資家と良好な関係を築き、維持する唯一の方法は、隠し事をしないことだ。会社というものはオープンでなければならない。オープンなコミュニケーションを心がけている限り、投資家が何かと口うるさく言うことはない。

いいかい？　君の仕事は君の会社を投資家に売ることではないんだ。株ならすでに買ってもらっている。そうではなくて、投資家たちを、まるで顧客に対するように扱うことが大事だ。すなわち、情報を与え、教育し、サービスするのである。

お金の工面は常に「事前」に

にっちもさっちもいかなくなって借金を申し込んだら相手は貸してくれるだろうか。まず無理だよね？　君の切羽詰まった蒼い顔は人を逃してしまう。絶望的な様子の人から本能的に逃げてしまうのは、決して情けがないとか心が冷たいとかいうのではなく、現実そのものなのである。

ビジネスも同じ。ぎりぎりの段階でお金が必要になる前に、手立てをしておこう。

「友だちからお金を借りる」節で話したことをここでも繰り返しておくね。

お金を工面できるような人間関係を築くには、時間をたっぷり取ろう。投資家にはあわてさせず、熟慮の上で意思決定してもらうようにしよう。不要なストレスを強いないことだ。お金の工面は長距離走のようなもの。堅実に、自分なりのペースを守って。

ラック（運）

ビジネスをやっていれば、ラック（運）、あるいはセレンディピティ[※23]に恵まれることもある。「ラック」と言っても、世界中が満面の笑みで君を出迎えてくれる、やることなすこと、すべてOK、という意味ではない。ラックは注意深く君の仕事ぶり、サービスの品質、事業を観察している。そしてある晴れた日に突然、ツキ目という形で訪れるのだ。

それがラックの仕業なのかどうかわからないが、わがスミス＆ホーケンも、多くのツキ目に出会い、おかげで自分たちは幸運に恵まれていると思ったものだ。ビジネスを始めたばかりのとき、妻に「調子はどう？」と訊かれ、「守護の天使が守ってくれているみたいだ」と話したものだ。図らずも、ビジネスを始めるタイミングが絶妙だった。ベビーブーマーたちは生活が安定し始める年齢になっていた。家を買い、当然のなりゆきで、ガーデニングに興味を示し始めた。園芸家としての彼らは自然に親しんでおり、スミス＆ホーケンにとって最も素晴らしい理想の顧客だ。ウィットに富み、寛大で、温厚、そしてとても正直。

あるとき、うちの顧客担当マネジャーがカタログ通販会社の人と話していた。電子機器、宝石、運動器具、高級腕時計、ハイテク機器などを扱っている。クレジットカード利用顧客から詐欺に遭った比率は3、4パーセントだそうだ。スミス&ホーケンについて訊かれ、マネジャーは答えた。

「1です」

相手は信じられない表情だ。

「たったの1パーセント?」

マネジャー「いいえ。不都合のあったお客様の数が一人なのです」

ぼくたちが寛大で、道を外れずにお客様本位の姿勢を貫くことができたのは誰あろう、当のお客様のおかげだ。彼らなしには、ぼくたちはここまで来ることはできなかった。

資金集めを実際にやってみると、本書でぼくが述べたようには簡単にいかないことと思う。リスクも見込んで述べたつもりだが、君のビジネス経験が浅いのであれば、(本書をはじめとする)本をただ読んだだけで、100万ドル単位の資金を集めようとするのはおすすめできない。たとえば、弁護士事務所に相談するのも手だ。この場合、資金集めに伴う法的問題を処理してくれるので気持ちは楽だが、一方、高額な報酬を請求されることを忘れてはいけない。資金集めのたいていのことは自分でできる。弁護士から少しアドバイスをもらえばOKだ。

ベン&ジェリーがやったのは資金調達における「自前主義」のバリエーションだ。7万5000ドルを、いわゆる「事前の自前主義」で調達した。このアイデアはシンプルかつ昔からあるものだが、現代においては珍しいものだ。説明しよう。

証券取引委員会やニューヨークの投資銀行の面々にイライラすることを避け、ベン&ジェリー社は、創業したヴァーモント州で自薦方式にて投資家を集めた。商品のアイスクリームの蓋と地方紙に「投資家求む!」と宣伝したのである。これが彼らのプロスペクタス※24(投資家への説明書)だった。

「おトクをゲット!」というコピーと共に通話料無料電話番号を載せた。自分たちが働く地域のコミュニティが、自分たちの製品を応援してくれる、自分たちの成長がそのまま地域貢献につながると信じた。この考えに地域の人々も共感してくれるはずだ。買いやすいよう、株の最低購買単位を100ドルを少し超えるくらいに可能な限り低く抑えた。

弁護士、アドバイザー、会計士をはじめとする周囲のみんなが、自薦方式による株式公募はうまくいかないだろうと言った。いわく、ヴァーモントは狭すぎる。いわく、リスクが高すぎる。

どうなったか。うまくいった。

募集した株は売り切れただけではなく、このことを通じて、自分たちがいかに多くの「濃い」顧客に支えられているかを身に染みて感じた。15か月後、証券会社を通じ株式公開を果たしたとき、同社の株価は3倍に値上がりしていた。現在、ヴァーモント州の１００世帯中１軒はベン&ジェリー社の株を保有している。

友人、銀行、公的機関、投資家……どこから借金しようとも、たった一つのことを押さえるようにしてほしい。資金集めの鉄則だ。

「お金は最も安定した場所に集まる」

古（いにしえ）より格言では「ローリスクでハイリターンの場所にお金は投資されるし、落ち着く」とされる。しかし、ぼくは、「安定した場所をお金は好む」と言いたい。

人は誰も好き好んで自分のお金を失いたくはない。しかし、もっと嫌うのは、屈辱、自信喪失、評判が落ちること、ミスしたときの、自分がバカになってしまったのではないのかという情けない感じだ。そしてぼくたちがアタマにくるのは、買ったものが役立たずだとわかったとき、貸したお金が返ってこないとき、投資に失敗したときだ。最初に、私たちは自分の能力や価値観といった、自身を構成する要素の喪失を感じる。次に、私たちは資金の損失を感じる。そして、呻（うめ）く。うううううううう。

もし君がお金の心配しきりで、ガツガツした感じであれば、顧客にせよ、銀行の融資担当部長にせよ、投資家にせよ、みな、ぼくがいま述べたのと同じ損失の気持ちを感じ取るはずだ。そうなると、彼らの支援を受けることは非常に困難になる。成長し続け、資金を引き寄せることのできる企業になるためには、君自身が、「世界はいくらでも拡大できる」という考えを持つことだ。寛大さ、豊かさ、そして余裕こそが資金をアイデア、人、ビジネスに引き寄せる。勘違いしないでほしいのだが、だからといってお金をじゃぶじゃぶ使った派手な販売促進をしろ、と言っているわけではない。そうではなく、ただシンプルに、君の製品・サービスが市場のリッチで肥沃な鉱脈へ到達するようにすることだ。別の表現をするなら、「君自身と、自分のビジネスに自信を持つこと」。この自信は、お金を持っている人へと自然に伝わる。きっと応えてくれるはずだ。

成功している小売店は独自の世界を形作る。ローラ・アシュレイと百貨店を比較してみるといい。後者はかつて持っていた、独自の世界観を失ってしまっている。素晴らしい店なのに、拡大路線に踏み込んだがゆえに、かつて持っていた独自色が消えてしまった例は枚挙に暇がない。拡大しようとするとき、自分で創り出した経験のエキスを薄めてしまわないよう、十分な注意が必要だ。

バナナ・リパブリックの事例に学んでみよう。ビジネスを拡大した後でも、創業者のメル・ジーグラーとパトリシア・ジーグラーはカタログ、広告、店舗で、自分たちが創り出したスタイルを、手を休めることなく発信し続けた。メルとパトリシアは衣服を売ろうとしなかった。代わりに、メルのコピーとパトリシアのイラストで物語を語った。

その物語を通して、「アドベンチャー」を売ったのである。

ほどなく、物語は顧客に染み渡った。二人のジーグラーは、自分たちの旅と発見への情熱を顧客へダイレクトに伝達することで、無名の衣服をファッショナブルなものへと転換したのである。そこには宣伝してやろうという魂胆はなかった。ジーグラーが創り上げた世界に顧客が買いたいと引き寄せられたのであり、投資家もまた投資することに惹かれたのだ。やがてアパレル大手ＧＡＰさえ、そこに吸い寄せられた。１９８３年、ＧＡＰはバナナ・リパブリックを買収した。

腕力にモノを言わせる巨大企業は脇に置くとして、繁盛するビジネスの成功の秘訣は、創業者が顧客に、お金を超える何かを与えることである。そしてその「何か」は彼ら創業者自身の一部だ。いいではないか。大いにやろう。

顧客の立場に立ってみたら、これほど素敵なことはない。そう思わない？

第7章

商売のセンス

The Lemonade Stand

どんなに一所懸命努力しても、ビジネスを成功させることができない人がいる。成功している会社を買う。すぐ倒産させる。ぼくの友人にそういうタイプの人がいた。彼は気持ちのいい男で、ユーモアのセンスも抜群だ。エネルギッシュに働き、人当たりも良く、市場の流れもしっかり読める。彼は長く出版社に勤務していた。まず学校を始めた。その後、音楽、種苗、アンティークと、次々にビジネスを始めた。いずれも大金が霧のように消えてしまう結果となった。友人たちは彼の運の悪さ、タイミングの悪さに驚いた。彼よりも能力が劣っているたくさんの人が成功していることが不公平に見えた。しかし、ぼくに言わせれば、彼の失敗にはれっきとした理由がある。

子どもの頃、ぼくはウェイター、皿洗い、荷造り屋、モデル、クリスマスツリーのセールス、坑夫、カーディーラーの使い走り、といった仕事を転々とした。年を経て、ビジネスをするのに、飛び抜けてアタマがいいことは必要ないとわかった。ぼくの雇い主には、アタマのいい人もいれば、そうではない人もいた。しかし、みな、ビジネスは成功していた。

ぼくは、ビジネスをするのに、アタマの良さとはまた別の重要な資質のあることに気づいた。それが「商売のセンス」だ。ぼくの知る限り、この「商売のセンス」という言葉は、ビジネスを成功に導く才覚を表現するのに、最も正鵠(せいこく)を射ている。マイケル・フィリップスとサリー・ラズベリーの書いた『正直なビジネス』[※25]の中にある言葉だ。

商売のセンスこそが、ビジネスの明暗を分ける。

人が何を欲しているのか、いくらなら支払う気があるのか、意思決定はどのようにするのか、といったことを理解する力。市場の発信している信号を嗅ぎ取り、学び、自分のアタマを切り替える術を知っている。与えられた製品、市場、あるいはニッチ市場にいかにしてアプローチするか、筋道立てて考えることができる。商売のセンスの天才は企業再建専門家だ。再建しようとする企業のビジネスの中身はまったく知らないにもかかわらず、「病巣」がどこにあるのか的確に探り当て、たちどころに過激な「手術」を施し、再建を成功させる。

商売のセンスは意思決定を速くし、何か月も要する会議、ブレーンストーミング、市場調査、官僚的な組織内の行ったり来たりをばっさりショートカットする。商売のセンスはお金の使い方、ものの買い方、そしてお金の支払い方を教えてくれる。

一般的に、音楽や運動の能力が生まれついての先天的才能だとされる一方で、ビジネスの能力は大人になると身につけることのできる後天的才能だと思われている。しかし、ぼくが考えるに、商売のセンスも、ほかの多くの能力と同じく、若いときには身につけやすいが、年を取るに従ってなかなか身につけることが難しい。

商売のセンスは、子どもの頃、新聞配達をしたり、おじさんの店で働いたり、ゲームでお店ごっこをしたりすることで学びとるものだ。そして、ビジネスの規模が小さければ小さいほど、商売のセンスは重要になってくる。

会社のトップに、商売のセンスを持った人がいることがある。非常にデリケートなセンスを問われる服飾ビジネスに多い。かと思えば、現場、たとえばスーパーマーケットで青果物を商っている人によく見られる。ニューヨークや香港などの野菜や魚の青空市場に行けば、いたるところで商売のセンスに出会える。馬、牛の売買オークションでも見受けられる。石油会社、銀行、保険会社、政府といった組織の中間管理職ではほとんど発見できない。組織外の市場の微妙な変化にはまったく鈍感で、無神経でもやっていけるから。

商売のセンスは本書をはじめ、本で学ぶことなどできない。国内トップのMBAプログラムでも教えてはくれない。商売のセンスの必要性については触れることさえない。だからいわゆるビジネススクールの教育なんてものは見かけ倒しの役立たずという感は否めない。

ココラの創業者アリス・メドリッチは、ビジネススクールで学んだ内容と、彼女が自宅のキッチンでスタートしたスモールビジネスとの関連を見いだすことができなかった。実際、学位論文の準備時期、アリスは小さなデザート・ショップの開店準備に忙しく、店舗物件探しに没頭していた。論文など書くより、こうしてショップのことを考えているほうが面白かった。論文拒否だ。それから10年経ち、振り返ってみれば、アリスはビジネススクールにもある種の価値を見いだすけれど、でも、その後自分がやってきた仕事には、何のビジョンも、力もくれなかったなあ、と思う。

おっと、どうかぼくのことを誤解しないでほしい。そうは言っても、ぼくは機会があればMBAを取っておけばよかったと思う。ビジネスのある領域については素晴らしいトレーニングになるから。しかし、MBAの教育を受けるか、それとも12歳で自活のために働きに出るか、どっちを取るかと問われれば、ぼくは迷わず後者を取る。働く経験こそが、ビジネス教育にはより価値があるからだ。ここでもお金のときと同じことがいえる。すなわち、スモールビジネス経営者にとって、ビジネスの知識がありすぎることは、ないより余計始末が悪い。

人はたいてい、自分に商売のセンスがあるかどうかはわかるものだ。

商売のセンスのない人は、たとえば、往来で店開きをしている店舗で値切り交渉をするのは苦手のはず。あるいは知らない人の中にいると居心地悪く感じる。

重要なのは、自分を理解すること。ちょうど君が自分を核科学者ではないと知っているのと同じく、商売のセンスがあるのかないのか、認識しよう。その上に立ってライフプランを考え、キャリアを見据えるんだ。「ビジネスを始める」ということは、軽々しく考えるべきではない。

君がこれから始めようとするビジネスが小売業だとする。人の気持ちやお金のやり取りがたっぷり求められるビジネスだ。もし「自分には商売のセンスが欠けている。でも、本で勉強したから理論はたっぷり知ってる。だからそれを代わりに」と思っているとしたら、ちょっと待った。「試しにやってみる」ことさえ、おすすめできない。商売のセンスを持った誰かと組むほうがいい。人とのやり取りが苦手なら、まずはどこか会社にでも入って、商売のセンスを身につけることだ。小売店の販売カウンターに立つのもいいし、起業家のアシスタントになるのもいいだろう。あるいは、本気で度胸をつけたいのなら、露店で商売をやってみるのもいいかもしれない。接客だけではなく、商売のウラにはどんな仕事があって成り立っているのかを、直に知ることができるだろう。

さて、ぼくは君がペットショップを開店する準備のため、年収を保証された仕事を辞めて、小売店でレジ係をしたまえ、とすすめているのだろうか。もちろん、違う。夜、あるいは週末にパートタイムで働いてみるといい。学校だと思おう。そして、現場で、ビジネスというものについて自分がどれだけわかっているかを知るのだ。「謙虚さ」の価値をよく噛み締めよう。

カリフォルニアの一部は非常に豊かだ。このため、異業種から参入してきたビジネスが多い。中には大企業で働くカップルが始めたものもある。たいていは小売店舗だが、見るに堪えない結果となっている。経営者たちは高等教育を受け、人脈もあり、資金にも困らない。また、「良いテイスト」も自慢だ。そんじょそこらの商売人にはひけをとらないと信じている。

しかし、彼らには致命的に商売のセンスが欠落している。しゃれた名前の食料品店、キュートなネーミングのおもちゃ店、練りに練られたオリジナルロゴ、選びぬかれた品々、高額なオフィスの備品、ベージュのカーペット、歯切れよい接客トーク……なのに、どうして店が「死んで」見えるんだ？

顧客として見たとき、現場感、ほんもの感、マーケットセンスを感じ取れないのである。ぼくたちはビジネスのプロフェッショナルから接客されたいのであって、趣味人からサービスされたくない。アマチュアではなくプロの手による心地よさが欲しい。

商売のセンスのないビジネスは、それ自体がまるで漫画になってしまう。

マイケル・フィリップスとサリー・ラズベリーは商売のセンスを、次の4つの属性に分類している。第一に、粘り強く物事をやり遂げる力。第二に、事実に向き合う能力。第三に、リスクを最小にできる力。第四に、現場で学ぶことのできる力。

ぼくはこれらにもう一つ、第五の力を加えたい。それは、数字で考える力だ。無論これらは独断で考えた分類だが、しかし、商売のセンスをさらに深く考察するのに役立つはずだ。これらのうち一つでも欠けたなら、ビジネスの成功は遠いものになってしまう。

粘り強さ

ウディ・アレンは、「成功の90パーセントは顔を見せることで手に入る」と言った。トマス・エジソンは、「成功は、10パーセントのインスピレーションと90パーセントの汗で得られる」と言った。ウィンストン・チャーチルは「成功は大いなる熱狂で重ねた失敗の結果やってくる」と言った。

ぼくは、こう言う。「成功は一所懸命努力することからしか得られない」

会社を創業してから閉じるまで、あるいは売却するか、引退するその日まで、来る日も来る日も、ビジネスの世界に身を置く、ということは、一つの長い、延々と続く努力の積み重ねなのである。

粘り強さとは、日々のやるべき仕事を黙々と執拗にこなしていくことだ。決して近道など、ない。粘り強さは、頑固だったり、必要以上に攻撃的である必要はない。「できるビジネスパーソン」の典型的なキャラクター「競争心が強く、ストレスに強く反応し、時間を無駄にすることを嫌う、高い能率と効率を求める傾向のある人」である必要もない。ビジネスにおける粘り強さとは、もの静かな、石のごとく手堅い資質なのである。

メディアなどで報じられる華々しい成功物語、ライバルを蹴落とす権謀術数の数々、といったおかげで、ビジネスは誤解されている。まるでビジネスが戦争ゲーム、戦略というエンジンを搭載したジェット機で戦っているかのような。ジャーナリストや読者たちは、ビジネスの世界を勝ち組、負け組という風に、おままごとのように単純化して喜んでいる。

ジャーナリズムは、会社を成功に導くのは地味な努力であり、その努力とは、煎じ詰めれば粘り強さであることを正しく伝えていない。決して途中でやめないこと、常に努力すること、やってくる問題に逃げず取り組む姿勢。日本人が世界市場を制覇したのは、派手な突撃隊や奇襲作戦を実行したからではない。どこかの国の企業のように、年中乗っ取りや合併に丁々発止のやり取りをやっているわけでもない。ただひたすらモノ作りに励み、マーケティングに工夫を凝らし、より良い製品を通じて顧客へサービスし続けているのである。

ビジネスは、経済と同じく、一歩一歩階段を上がっていくようにして成功する。小さな出来事、意思決定、行動、アイデア……それら多くの積み重ねが会社というものを形作る。この努力を続けるならば、きっと君の夢も実現するはずだ。

事実に向き合う

商売のセンスの肝は、自分の周囲で起こる出来事と距離を保ち、現実的な方法で見ることができる能力である。世界が確固たる法則のもとに一定の動きをするという前提で起業したりビジネスをすることは、愚かとまでは言わないまでも、賢いとは言えない。

できるビジネスパーソンは「真実」なんて手に入るものではないと思っているし、「昨日の真実は今日はもう使えないこともある」なんていうのもよくわかっている。

経験豊かなビジネスパーソンは、真実を求める代わりに、質問するクセをつけている。そして、質問が正しければ、おのずから答えは見つかるはずなのだ。

1950年代のこと。ミダス・マフラー創業者ゴードン・シャーマンは薄汚れたガレージ機械工、壊れた作業場のオーナー、うだつの上がらない部品屋といった連中を、マフラーのスペシャリストへと仕立て上げようとした。世間の地位を上げようとしたのだ。

「お仕事ください。何でもやります」というスタンスから脱し、「私たちはスペシャリストとして、何をやり、何をやらないかはっきりわかっていますよ」というスタンスに育てた。

シャーマンは自社のビジネスの定義を「マフラー屋」だと、そして「マフラー屋でいい」と考えていた。繁盛した。しかし、順風満帆の風の中にも、凶の兆しが現れ始めた。ここで、ショック・アブソーバーが登場する。※26

ショック・アブソーバーは車修理のラックに載せたとき、マフラーと同じく、故障の診断や取り付けがやりやすいので、この二つは「近い」部品といえた。シャーマンが調べたところ、フランチャイズ店は、マフラーのみを販売するという契約があるにもかかわらず、案の定、陰に隠れてこっそりショック・アブソーバーを売っていた。シャーマンが来たら隠すのだ。友だちのディーラーでさえこっそり販売している始末。

その気になれば、シャーマンは独占禁止法に訴えることができた。そこで彼は、ショック・アブソーバーに対し徹底抗戦を挑むことにした。ディーラーとしても、フランチャイズはカネの成る木として大切なのだが、それでもショックを販売するおいしい魅力には勝てなかった。

もはやシャーマンには、この状況が手に負えなくなってしまっていた。自動車整備工場に働く者みんなを敵に回してしまう羽目になったのだ。そしてそれはあたかも自然に逆らうがごとく、歯が立たないものだった。

ある朝、シャーマンは事実に面と向き合った。自分より、ディーラーたちのほうが時代の流れをよく知っているのだ、ということを。そこで彼は、ディーラーに直結している有線放送に向かい、これ以降、直ちにミダス・マフラー社はショック・アブソーバーを製品ラインに加えると宣言したのである。それればかりではなく、ショック・アブソーバーの販売コンテストも開始する、と言った。優勝賞品はバハマへの旅行だ。

数年後、ミダスの、あるディーラーが3000ドルする機械を発明した。まっすぐのチューブを数百の形状にいかようにでも曲げられる優れものだ。これを使えば、ディーラーは常時在庫をフルに持たなくても済むようになる。発明者は会社を起こし、販売を開始した。またもやシャーマンのフランチャイズ契約に反する行為である。

シャーマンは契約条項に違反するものだからやめろ、と言うこともできた。あくまでも完成したマフラーとテールパイプを販売する、ということが取り決めなのだから。ここでシャーマンは再び事実に直面した。結果、くだんの会社を丸ごと買い取り、傘下ディーラーたちに、その機械を買う余裕のある社は買うように言った。

ぼくの知っている、もう一人の人物は、事実を見据えることのできない人だった。彼は子ども向けのおもちゃと衣服の会社を起こした。すでに大人向けのアパレル会社を成功させ、全米チェーン展開するまでになっていた。潤沢なキャッシュと信用を手に、再びビジネスを成功させんと意気込んでいた。

彼の店の子ども服は高価だった。店内は豪華。床のカーペットは厚く、備品はいずれもデラックスなものばかり。がさつで、騒々しく、ハチャメチャではなく、あくまでお上品な、節度を保ったお子様たち、というイメージで、店内やカタログは細部に至るまで統一されていた。イメージ・コンシャス、「お高い」イメージを大事にしたのだ。カタログで微笑む子どもたちはお坊ちゃん、お嬢ちゃんばかり。ブレザーや縁無しメガネでおしゃれした6歳。

店頭には、よりすぐりのおもちゃ、ゲーム、コンピューターソフトウェアを揃え、客が来るのを待った。しかし、ご自慢の商品たちは、肝心の親たちを煙たがらせ、店の敷居を高くするばかりだった。

開店当初から、サンフランシスコの繁華街にあるにもかかわらず、店は閑古鳥が鳴いていた。通販のカタログはまだいくらか「まし」ではあったのだが……。

彼は大前提として、ベビー・ブーマーたちは子どもの数が少なく、晩婚で、そのため、子どもにはカネに糸目をつけないだろうと踏んでいた。しかし、売上高は彼のこの読みを裏切るものだった。友人や同僚は気を使い、工夫を凝らし、あの手この手で彼のこのアプローチが間違っているから考えを改めるよう説得したが、叶わなかった。事実に向き合う代わりに、彼はより頑張り、さらに借金を重ねた。穴は深くなるばかりだった。事実に向き合うことのない粘り強さは道を踏み誤らせるのだ。

スミス&ホーケンの競合の1社も、事実に向き合うことを怠り、失敗した。ぼくたちが創業2年目のことだ。仕入れ業者の1社が、こう考えた。スミス&ホーケンはうちの商品をたくさん仕入れて、たくさん売っている。だったら何もスミス&ホーケンを通すことなく、うちが自前の通販カタログを用意してダイレクトに顧客へ売れば、もっと儲かるんじゃないか。

同社はぼくたちを「競合」と考えたようだが、実はその段階でわが社は商品（園芸道具）のラインナップを拡充しており、くだんの会社からの仕入れ商品の比率はわずか20パーセントだった。しかも、ぼくたちスミス&ホーケンは顧客を園芸愛好家であって、彼らの関心の中心が園芸道具に限られるものではない、ということをしっかり理解していた。

さらに、ぼくたちは社名を「スミス&ホーケン・ツール」から、シンプルな「スミス&ホーケン」に変えていた。カタログには「園芸愛好家のためのカタログ」というサブタイトルを付記した。ほんの小さな変化かもしれないが、効果てきめんだった。競合社は市場の変化を読み切れなかった。流れは大きく変わっていたのだ。

4年頑張ったのち、くだんの会社は店じまいした。そこの経営者は、自社製品がオーバースペックであり、価値に比べて高価格、湯水のごとくカタログを送りすぎたと思う（間違った対象にカタログを送り続けていたのだ）。彼が最後の最後までとことんビジネスを続けられたのは豊富に資金を持っていて、損失を穴埋めできたからである（ここでも、お金がありすぎる危険性をおわかりいただけると思う。事実を直視したときは「時すでに遅し」なのだ）。

事実を直視できない症候群は、何もスモールビジネスに限った話ではない。ゼネラル・モーターズなど、いまだに事実を見ようとしない。つまらない車を作り続け、ディーラーたちは顧客サービスの何たるかを理解していない。

1980年代後半、同社は自分の顧客を79年もののトヨタ車に奪われている。実際のところ、多くのアメリカ企業は、顧客がろくでもない対応しか受けていないことや、社員が経営者から敬意を持って扱われていないと思っていることや、外国の競合社の脅威にさらされている、という事実に真剣に向き合おうとしていないのである。

これらのことはまるで家族の中の秘密のように誰も触れようとしなかったし、きちんと説明されなかった。むろん、理解もされてない。しかし、米国経済が繁栄するためには、「人」というものを「共に働く仲間」「大切なお客さま」という風に扱わねばならない。これは現状ではまったくなされていないので、いわば革命といってよい。

ともあれ、創業するにあたっては、事実に向き合うことなくては「銭失い」になることを肝に銘じてほしい。

リスクを最小に

前にも言ったが、起業家のイメージがリスクを好む人たちというのは、あくまでメディアの作った幻想だ。ビジネスの目的はリスクに身をさらすことではない。そしてアイデアは何事かを成し遂げるためにある。リスクはベンチャーの中に常に内在するものであるが、しかし、起業家精神とリスクに立ち向かう精神とは同列に扱われるべきではない。

たとえば、車の運転一つ取ってみても、リスクはついて回る。でも、優秀なドライバーはリスクを小さくするために考え得るあらゆる努力をするものだ。シートベルトを締める、制限速度を守る、信号に細心の注意を払う、酒を飲んだらハンドルを持たない、などなど。商売のセンスのある人は絶えず自分のビジネスを、同じようなものの見方でとらえる。考え得るリスクをつまびらかにし、リストにする。そしてあらゆる可能性を一つひとつ、つぶしていく。

良いビジネスというものは、不測の事態を前もって織り込んでおき、余裕を持たせている。たとえば人事では、ある一人に頼り切ることはせず、複数担当性にしておく。誰かが倒れたときの備えだ。そしてこれは、あなた自身にも当てはまる。財務で言うなら、何か一つの躓きで会社がダウンしてしまうような戦略を立てるべきではない。

シアトルを本拠とするアウトドア用の衣料と用品の会社アーリー・ウィンターは、三人の創業者の頑張りで1400万ドル企業に成長した。しかし、財務が弱いまま成長したため、わずかワンシーズンの販売不振によって倒産してしまった。12年間のハードワークが、わずか数か月の失敗がもとでふいになってしまったのだ。創業期から十分な資本を蓄積してこなかったことが禍（わざわ）いしたのである。

この原稿を書いている時点で、ぼくはオランダ、イスラエル、オレゴン、日本から球根を仕入れ、商品ラインに加える予定だ。球根の種類は200にも及ぶ。しかし、どの球根が顧客に好まれるのかはわからない。この類の仕入れでは、ぼくはできる限り安全策を取ることにしている。不良在庫の山に泣きたくないから。

一方、ぼくたちには、球根にビジネスチャンスのあることははっきり見えている。店舗でも売ってきた。特に球根の場合、仕入れの安全ラインを読むことが重要だ。園芸道具と違って、球根を永遠に倉庫で眠らせるわけにはいかないから。

この5年間、年に1、2回、倉庫を使ってバーゲンセールをやっていた。数千の顧客は大幅な値引きの恩恵に預かった。そう、ちょうどディスカウントストア「ファイリーンズ・ベースメント」の園芸版みたいなものだ。

ぼくの球根ビジネスの基本戦略は、多めに発注することだ。余ったら、バーゲンの目玉にすればいい。ダイレクトに輸入しているメリットを生かし、おそらくカリフォルニアで最も安い価格をつけることができる。いずれにしても損はしない(儲けもないが)。顧客は安く買えるメリットがあるし、通販の顧客にとってもバーゲンは嬉しい知らせのはずだ。そしてぼくたちは、来シーズンのための適正な球根の仕入れ数を学ぶことができる。

リスクは最小限に収まるというわけだ。

現場から学ぶ

これまで、ぼくは何社か、苦境に瀕したり、倒産してしまった会社の再建に携わったことがある。倒産した会社のメンバーと働くのは楽しかった。そこで働く人が、驚くほど「変わる」ことに柔軟だったのである。

しかしながら、ある企業では、オーナーが自社が沈みかかっていることを受け入れようとせず、学ぶこともできなかった。理由は、彼が現場の知恵から学ぶことができなかったからである。現場にいながら、現場が見えていなかった。

くだんの経営者は、ランニングシューズやテニスシューズのインソール（靴の中敷き）の会社を創業した。大波も小波もない平穏な市場、会社の成長も市場に見合った、そこそこ穏当なものだった。

大きな望みを持って創業した。2ダースもの投資家を集め、立派なオフィスを構え、人を雇い、大きなオーク材のデスクを置いた。セールスマンを雇い、数人のコンサルタントまで用意した。

開店当日から、創業者はデスクの前より動こうとせず、座ったままで会社を経営しようとした。メモを口述筆記させ、手紙に返事し、会議に出席し、全国広範囲に派遣した販売代理人たちに命令を飛ばした。

彼は熱心に働いたが、達成した成果は小さかった。初年度末には、払い込まれた資本のすべてを使い果たした。商品も底を尽き、会社は傾いた。数か月も給与の支払いが滞っていた。社員のモラルは低下していた。

くだんの「エグゼクティブ」がイメージしている「机にどっしり座って構える」姿は、年商5000万ドルに満たないビジネスでは馬鹿げている。その臨界点に達していないビジネスにおいては、いかなる人物であろうと（たとえ創業者だろうと）、ビジネスのあらゆる現場に接点を持ち、メモ、メール、社内の委員会などからは得られない現場の経験から学ぶ姿勢を持たなければならない。

とびきり成功している企業であっても、創業期のよちよち歩きステージからいわゆる普通の会社のステージに転換する際、現場に足を取られてなかなか転換が難しいという話は、本当のことだ。しかし、現在あなたが創業期ならではのトラブルに手を焼いていても、このまま会社の発展はないんじゃないかという心配は無用だ。

目の前に立ちふさがるトラブルはすべて、あなたのビジネスの中から生まれたものであり、逆にいえば、会社の未来を映し出してくれているともいえるのだ。何にせよ、あなたは自分が理解していないことを人に任せることはできないのであり、顧客に販売することも不可能なのだから。自分からどっぷり現場にはまり込んでこそ、未来が開けるというものだ。

数字に強くなる

本書を読むのに、あなたは辞書を手にすることなどないだろう。ビジネスの数字を扱うのもこれと同じで、いちいち電卓に手を伸ばしたりしない。数字とはロジックであり、言語だ。ロジックには二進法（コンピュータで使われているロジック）、日常のロジック、そして数のロジックがある。ビジネスを推し進めるには、少なくとも、いま述べた後の二つのロジック（日常と数）を知っておく必要がある。

数字は関係性を物語る。製造業であれ、サービス業であれ、小売であれ、数字を通して数百、数千の関係性が語られ、分析され、概念化されるのだ。教育を受けていない多くの人がビジネスで成功できない理由はここにある。数字を直感でつかむセンスを理解できないからだ。

ぼくのビジネスキャリアの最初の7年というものは、会計士に翻弄され続けた。彼女の言うことは神のご宣託と同じで、毎月の損益計算書の完成するのをヒヤヒヤ、びくびくしながら待ったものだ。以来、複式簿記を理解するのに15年かかった。誇張でも何でもなく、損益計算書やバランスシートを見たり読んだりしてきたものの、長い間さっぱりわからないままだったんだ。自分の無知を認めるのがイヤだった。

ここで問題にしているのは、そういう損益計算書などの会計数字についてではない。会計について専門家ではないからこそ、帳簿の数字を身体化するべきだと言いたい。

ビジネスはあくまで現実を扱う学校といってよい。そして、お金の「出と入」のフローを知ること以上の現実はないのだ。

「Creative accounting（クリエイティブ・アカウンティング、創造的会計処理）」は見かけ上、監査役や米国国税庁に受けの良いような数字になるが、ご法度だ。経理操作であって、不正会計として違法になる。そうではなく、本当のクリエイティブ・アカウンティングというのは、月、半期、年など、会計期間の帳簿ができあがる前に、自分のビジネスで何が起きているのか、しっかり理解できる能力のことだ。まるで自分のつま先や指先と同じように数字が理解できているべきなのである。

友人の一人に、この域に達している男がいる。会計士から前月の損益計算書をもらうや否や、一瞥してそれが間違っているか正しいか判断できるのだ。かといって、普段は帳簿など一切見ない。これは彼が飛び抜けてアタマがいいとか、直感力に優れているとか、はたまた何かおまじないを使うとかいうのではない。ただシンプルに、彼がビジネスの中の比率と関係性を忘れず、常に把握しているからなのだ。その月の数字をアタマの中で常に動かしており、結果、その確度はプラスマイナス5パーセントだ。

ビジネスは二つのお金の流れで成り立っている。すなわち、入ってくるお金と、出ていくお金。優れた会計システムは、この二つのお金の流れの関係性を、易しく速くあなたのアタマの中で教えてくれる。出費（家賃、家具、事務機器レンタル費用など）の記入が簿記の出発点である。最初のこれらの出費は、初期投資としてやむを得ないものだ。

ビジネスを動かすガソリンは、入ってくる前に、まず、出ていく。このときこそ、どのようにお金が使われているのか、出費の隅々にまで目を光らせよう。コンサルタントや専門家に任せてはいけない。自分でやろう。

創業後しばらく、お金は入ってくるより、出ていくばかりだ。いかなるプロフェッショナルであろうと、顧客が商品をどう受け入れてくれるかまでは正確につかみ得ない。ましてひよっこ起業家のあなたなら、わからなくて当然だ。

大きく紙に書いて貼り出してほしい法則がある。それは、「ビジネスの経験値と、新規ビジネスに使うべきお金の金額とは比例する」。

逆に言うなら、経験をまだ積んでいないうちは、お金はなるべく使わないように。

さて、ひとたび収入が入ってき始めたら、毎日のキャッシュ・フローについて大まかに、かつ正確につかむための方法を確立する必要がある。その観点から、毎日、毎週、毎月、入ってくるお金と出ていくお金の数字を知るべきである。そして、いくら金額を保有し、いくら借金があるのかも、つかもう。そう、あたかも子どもがくまのぬいぐるみを抱いて寝るように、これらの数字と共にベッドに入り、数字と共に起床するのだ。そうすれば、自分の誕生日と同じくらい、はっきりアタマの中に入ることだろう。ビジネスをキックオフした最初からこれらのことを習慣化すること。そして、始めたら、やめないことだ。

入金と出金の関係性は最重要である。入りが出るお金より多ければ、利益となる。ピーター・ドラッカーがきわめて明晰に言うごとく、利益はビジネスを行うために必要なコストなのだ。成長するために利益は不可欠なもの。

スプリングフィールド・リマニュファクチャリング・センター（以下SRC）は「従業員（約350人いる）はすべて数字を知っているべきである」という斬新な信念のもとに経営されている。SRCの偉大なるビジネスゲームは、従業員がルールを知らなければフェアじゃない。そしてそのルールというのがほかならぬ経営に関する数字なのだ。

SRCを構成するあらゆる組織はそれぞれ一つの独立したスモールビジネスとして機能し、マネジャーや管理者は従業員と相談した上で各部門の予算を立てる。SRCの従業員は損益計算書、キャッシュフロー分析、在庫管理、原材料管理、基本会計について理解している。デイリー、週単位、月単位、年単位、随意の期間の数字が、すべて従業員、部門、そして会社全体の業績にリンクしている。

会計を教育する前までは、税引前利益や内部留保といったところで、理解できる従業員はわずかだった。いまや全員、これらの数字の背景にある会計上の意味を理解しているし、かつ、この理解が利益に結びついているのである。

どのようなビジネスであれ、オーナーたるあなたは数字の基本的な関係性を把握していなければならない。さらに、すべてのビジネスに、売上と経費の間に「モデルとなる一定の関係」がある。何年もの長い間、ビジネスの先輩たちは、経験を通じて、この、売上とコストの間に、何が関係し、何が無関係であるかについての「モデル」が存在することを学んできた。

そう、これは伝統の知恵とでもいうべきものなんだ。現場で汗を流した商人たちの知恵。決してビジネススクールでは学べない。自分で見つけてみよう。『The Entrepreneur & Small Business Problem Solver（起業家とスモールビジネスの問題解決法）』（ウィリアム・A・コーエン）という本には、米国とカナダの商業組合のリストが掲載されている。これら団体の多くが、先人たちが現場経験から発見し確立した会計法則についてまとめている。同書には、ほかに五つのビジネス法則についても触れられている（そればかりではなく、この本は、ビジネスを創業する際に役に立つ宝箱のような本だ。おすすめする）。

コンサルティングをやっていたときのことだ。さる大都市で、青果店と街角の売店を創業したばかりの人から相談を受けた。商売は大成功だった。顧客はわんさと来店した。にもかかわらず、赤字を垂れ流していた。どうしてだろう。そこでぼくが呼ばれたというわけだ。

帳簿を見てみた。すべて問題ないかに見えた。唯一、人件費を除いて。収益の18パーセントを占めていた。食品専門店において人件費が収益の10パーセントを超えるとやっていけない、という鉄則を経営者たちは知らないのだった。ぼくのアドバイスに従い、人件費を削減した。以来、ずっと利益を上げ続けている。

自分のビジネスにおけるある「法則」を知ると（たとえば、青果店で、従業員に1ドル使うのであれば、10ドル稼がねばならない）、毎日、毎週、数字をフォローすることができるようになる。帳簿係の出番を待つ必要など、なくなるのだ。さらに良いことに、ひとたびその法則を「乗り越えられそうだ」と思えるようになれば、達成することが容易になる。

カタログビジネスでいうなら、ほぼ8000社が顧客の郵便箱目指してしのぎを削っている。スミス&ホーケンが創業した頃、誰かにシンプルな法則を教えてもらった。「商品にかかるコスト、カタログにかかるコスト、それらに伴う広告宣伝費（人件費を除く）は収益の70パーセントを超えてはならない」。きわめてシンプルだが、的を射ている。ぼくはこの法則と、毎週かかる人件費がわかっているから、本書執筆時点で、一日の売上が4万3000ドルあれば損益分岐点を超えることも知っている。もちろん日によってばらつきは大きい。動きが鈍る秋には実質赤字になる週もある。

法則を知っていたからといって、これらの穴埋めをしてくれるわけではないが、デイリーに数字の意味をフォローできることは、帳簿を生きたものにし、自分の意思のもとに置くことができるという意味で、大きな意義を持つ。

あなたも毎日のビジネスの記録を、このようにして丁寧にフォローするべきだ。

ビジネスがどんなに大きくなろうと、ビジネスを支配する数字の法則は不変である。法則さえしっかり守れば、霧の中を航海していきなり氷山にぶつかる、なんていう心配もない。また、会計担当から、ずっと遅いタイミングで小難しい書式の「成績発表」をもらうより、よほど経営に役立つ。

ぼくたちはスミス&ホーケン創業期から、毎日決算をしている。チェック項目は以下の通りだ。

⦿収益

この数字は、注文数を表す。郵便、電話、二つある店舗、これらのいずれかで得た注文だ。郵便注文の場合は即日、電話注文の場合はコンピュータに入力された翌日、帳簿に載る。郵便であれ電話であれ、平均の注文数はつかんでいる。時に大量注文を受けることもある。

週末に、これらの注文をすべて合計し、平均値をはじき出す。郵便、電話、店舗それぞれの注文数を、2年前の同月週の数字と比較検討する。この比較によって経営計画、人材配置、予測、分析を行うのである。

⦿カタログ

ぼくたちは6種類のカタログを、年間35週送っている。部数はその都度、違う。この数字は記録され、前年実績に応じて決定している。というのも、ぼくたちはほぼ毎年正確に同じ時期にカタログを発送しているので、発送部数による収益への影響を測定できるのである。たとえば、前年比50パーセント増の春カタログを発送し、収益が53パーセント上がったとする。昨年に比較して春カタログがより「効果的」だったということがわかるのだ。だからこの数字はわが社の肝といってよい。よって、毎週ウォッチしている。

⦿キャッシュバランス

毎日のキャッシュバランスは基本中の基本だということがわかっていながら、実行している人は少ない。ぼくたちが使っているスタイルはシンプルだ。その日受け取ったキャッシュと、支出額、そして手元に残っているキャッシュ。会社の銀行口座に移ったキャッシュ、信用取引（クレジットカード）の金額も記載する。

⊙給与

部門（倉庫、管理スタッフ、顧客サービス、小売店一号店、二号店など）ごとに把握している。2か月に一度の単位で、全社収益の中に占める比率を出す。給与も同じく前年実績との比較で見るので、どの部門が実績を上げているのか、そうではないのかが一目瞭然だ。このチェックは会社の贅肉落としにもなっている。

⊙顧客サービス

電話と郵便による問い合わせ件数をそれぞれ、日、週単位で記録している。注文数と返品数も記録しており、前日、前々日との増減比較も可能だ。同じページに、収益金額と注文数も掲載する。返品率も速報で計算されて出ている。平均的な通販会社の返品率は4〜6パーセントだ。わが社は1パーセント以下をキープすることを目標にしている。

以上が主な記録だが、ほかにもいろいろある。電話で受けた注文時刻、カタログごと、価格ごとの売上ランキングトップ50品目、苗床の小売、出荷全体をそれぞれの売上、営業終了時の未発送注文、一部発送した注文の数、在庫切れのための未発送注文の数（日、週、合計）などなど……。これらの数字の処理は、コンピュータのおかげで簡単だ。

何かの都合で記録が多少不十分だったとしても、大丈夫だ。これらの数字はあくまでぼくたちにとって羅針盤であり、正式な会計記録ではないのだから。ひと目見て、自分たちがいまどこにいて、コースを逸れているのか、大丈夫か。そして、問題になる前に、やるべきことを教えてくれるのである。

スミス&ホーケンの経験から、ぼくたちは、カタログを発送してからどれくらいの時間で電話注文や郵便注文が入り始めるのか、わかる。

1986年9月、大統領選挙[※27]が終わるまで、カタログ発送を待つよう外注している発送会社に指示した（これは通販会社ではよくやる。選挙が終わるまで、人は通販どころではないからだ）。ぼくたちはカタログが届く日を、選挙の終わった直後と狙いを定めた。

カタログが届いて、お休みしていた注文に加速が入り始めるだろうと思っていた日、案に反して何事も起こらなかった。記録を見ると、昨年比どれだけショートしているかがわかった。翌日、ぼくたちは、カタログ発送会社を呼んで、狙った日に間違いなく発送されているかどうか確かめた。定められた日には発送されなかったが、しかし、お客様の手元には予定通りに届いたはず。発送会社の担当者はそう言った。しかし、数字は日を追うにつれ悪くなる一方だった。

クリスマスカタログに誰も反応してくれないか、あるいは、カタログそのものが顧客のもとに届いていないか、真相は二つに一つのはず。郵送したというのなら、その記録を見せてほしい。ぼくたちは要求し、ついに記録を手にした。やはり、カタログは決められた日から10日も後で発送されていた。逆算すれば、もうすぐ電話注文のピークを迎える頃だ。ぬかりなく注文をさばくための準備をした。

クリスマスに間に合わせるために4万ドルもの航空運賃がかかったが、この費用は発送をきちんとしなかった発送会社に補填してもらった。これも、数字をしっかり記録していたからできたことで、もしこれらの数字がなければ、事態はもっと悪くなっていたことだろうし、問題を予測し、解決することもできなかったに違いないのだ。

第8章

まず、顧客に「パーミション」をもらうことから始めよう※28

If You Meet the Buddha on the Road, Sell Him

「市場からのパーミション（permission）」ほど起業家にとって必要なものはない。あなた自身も、あなたの会社も、市場とは切っても切り離せない。会社と市場は、互いに身体の一部といってよい。

別の表現をしてみよう。帳簿を開いたとすると、片面が市場、もう片面が自分の会社。そう考えて間違いない。それだけ市場と密着することが大事なのだが、では、どうすればいいか。ビジネスを成長させるためには、市場から「あなた（の会社）がビジネスをしていいですよ」という「パーミション（許可）」をもらうのである。起業家は顧客から、「商品を販売してもいいですよ」というパーミションを与えてもらわなければならない。

顧客は、あなた、あなたの提供する製品・サービス、そしてあなたの会社や店との実際の接触を通じ、その体験の全体を評価してから、初めてあなたにパーミションを与えるか否かを判断する（リピーターになるというのは、こういうプロセスを経た後のことだ）。

品質は良くなっているにもかかわらず、デトロイトの自動車メーカーが車の販売で行き詰まっている理由はここにある。

デトロイトの顧客は、これまであまりにもひどい扱いを受けてきた。克服するまでは時間を要するはずだ。ひょっとすると、車の市場そのものがひっくり返るような事態にならないと、事は改善しないのかもしれない。日本やドイツ製の車の足音はすぐそこまで迫ってきている。

人は生来、人間としてのたしなみというものを持っているはずだ。そしてそのたしなみは、ビジネスを始め、行うときにも、維持し続けるべきものなのである。

品質の良さと正直さで創業したとするなら、ずっと守り通さなければならない。やめていい理由はない。顧客に本当のことを言うのをやめれば、あるいは、そもそも創業時から言っていないとすれば、後になって取り返すことは難しい。正直さの価値は、純潔さと同じく、かけがえのなさにある。

お断りしておくが、ぼくは「イメージを作り上げろ」と言っているのではない。「ほんものとはどうあるべきか」について言っている。有言実行を心がけよう。そして、言ったことで、人は作られていくものなのである。

良いビジネスアイデアを開発し、市場からパーミションを手に入れるためには、あなた自身が良き顧客になる必要がある。自分の店でしてくれること、自分の店で売っている商品、それらを自分でもお金を出して買いたいだろうか。

ビジネス・コミュニケーションのすべて——広告、店内装飾、包装、価格、販売技術——を自分が顧客として見たとき、それらすべての表現が100パーセント信頼に足るものであり、尊敬に値し、受け入れられるものであるかどうか。

市場からのパーミションは、実のところ、資本金より何倍も重要なのである。

米国企業は年間実に950億ドルもの費用を広告に浪費し、ぼくたち生活者の神経をマヒさせている。それらの広告ときたら、右を向いている生活者を無理やり棍棒で左に向けるような力技で何とかしようという魂胆だ。それでいて、売りつけようとしているのはおなじみのソフトドリンクや洗剤。その内容の空疎なことったら、ない。意味のない選択肢を提示するだけ。


アメリカン・マーケティングは遠心力を利用するシステムだ。想像してみてほしい。大企業を中心とする円がある。円は生活者が住む社会。大企業は自社商品を、円の中心から遥か円の縁(ふち)まで放り投げる。これがアメリカン・マーケティングである。価値ある商品を扱う効果的なマーケティングシステムは、これとは真逆の、求心的なものであるべきだ。

日本にはこのマーケティング手法が見られる。商品がプッシュ戦略で押し付けられるのではなく、顧客の中からニーズを引き出し、そのニーズをビジネスに仕立て上げ、結果、ニーズが満たされる。だからといって、アメリカン・マーケティングがお得意とする「顧客のマインドを読む」作業や、市場調査の必要があるわけではない。

重要なのは、顧客の手、目、足、身体をじっくり観察することだ。**人が何を行い、何を行わないか。何に惹かれ、何に反発するのか。日常生活の細部に目を光らせ、顧客よりも「お客様**

が望んでいらっしゃるのはこれですね」と知り尽くすこと。これこそ、ぼくたちがスミス&ホーケンのガーデニング・カタログで注力しようとしたことなのである。

もはやぼくたちは広告に食傷気味であり、ごり押しの販売方法に懐疑の目を向け始めている。そりゃ、「お客様は神様です」と持ち上げられて悪い気のする人はいない。しかし、広告にからめとられるといった弱みはいらない。押し売り広告に出会うと、エンドレスの消費スパイラルに巻き込まれる気分になってしまう。顧客として――「消費」者ではなく――ぼくたちはほんものの、一味違うアプローチをしてもらいたいと望んでいるのだ。

ユニバーシティ・ナショナル・バンク（以下UNB）のカール・シュミットは、もはや生活者は銀行の広告を無視していることがわかっている。銀行の広告はすべて、いかに自行のサービスが優れているかを謳(うた)う。しかし、現実に「優れたサービス」に出会うことは稀だ。そこでUNBは、この固定観念化した生活者の疑いを克服することはあきらめた。ある広告いわく『ない『ない』銀行宣言」。コピーの下には「銀行らしく**ない**」「大げさに言わ**ない**」「どこの銀行にも似てい**ない**」という文字が踊る。別の広告は、こうだ。「あなたの銀行担当者のおつむはねじれてないですか?」そして、後ろ向きに首がねじれたピンストライプ・スーツを着た銀行員のイラスト。

マーケティング本に書かれている考えの多くは次の前提に拠っている。

「顧客には何らかの欲求があるし、何かを常に考えているものだ」

この間違った前提をもとにビジネスを創業すると、失敗してしまうよ。

トム・ピーターズは『エクセレント・カンパニー』シリーズの中で、「顧客に密着する」必要性を説いている。顧客にぴたり寄り添うことこそが、フェアな価格で良質の商品を提供するための、色褪せることのない永遠の金言であると。たしかに金言ではあると思う。そこで、この鍵を使ってさらに成功の確率を高めるために、次のアプローチをしてみたい。顧客というものをああでもないこうでもないと何らかの価値観で束ね、「近似＝パターン化」するのはやめて、自分自身を知るようにしてみるのだ。自分が一番よく知っている人物にアプローチする。商品を自分に向けて売る。これによって、推測を排することができる。


創業期には、限られたリソースで、新しい商品、またはアイデアをもとに勝負をかけることになるはず。ここで少し時間を取ってみよう（たっぷりあるはずだ）。焦ってはいけない。多すぎるメッセージ、話しすぎは、曲解されるのがオチだ。潜在顧客に到達できるチャンスはたった一度だけ、などと勘違いしないでほしい。だから一つの広告ですべてを語ろうとしてはいけない。

それより、顧客とじっくり対話しているのだ、という姿勢を持つほうがずっといい。だから、広告は友情の延長という作りにする。広告に書くコピーは友情作りの観点を忘れないように。顧客に最初の販売ができるのはかなり先の話になるかもしれない。しかし、その「第一の販売」は、「唯一の販売」にはならないはず。顧客との絆はしっかり築けているのだから。

市場に参入するにあたり、Kマートみたいに鳴り物入りでいきたいなどと思わないこと。フルカラー広告なんて忘れよう（予算がないだろうけれど）。自分をビッグに見せるようなこけおどしのマーケティング・キャンペーンもご法度だ。だって、実際ビッグじゃないんだから。あなたの顧客はビッグであることなんか、望んでいない。もし望んでいるのだとしたら、そもそもあなたが選んだビジネスそのものが間違った選択だということだ。顧客はあなたがその市場ではニューフェイスだということなど、百も承知だ。顧客の家の玄関に太字フォントで自分の名前を書きつけるような無粋な真似はやめよう。逆に、顧客にあなたを発見してもらうことだ。

見込み客の常識と知性にアピールしよう。小さく始め、想像力豊かなプロモーションをしよう。たとえば、業界誌に小さく広告を載せる。（商品の）サラダ・ドレッシングのボトルに小さいタグをぶら下げる。製品ラベルにシンプルでわかりやすいコピーをつける。趣味の良いカタログを作る……など。銘記してほしいのは、良質の商品（製品・サービス）なら、売るのは難しくない、という点だ。

スローに始めよう。顧客があなたのドアを叩いてくれるのを待とう。顧客は新しいことを発見することそれ自体が楽しみなのだ。街のうわさはそういうところから生まれる。映画会社は巨大な広告を競っているが、実際のところ、チケットの売れ行きに最大の力を発揮するのはクチコミなのである（映画会社もこのことは知っている）。

ベン・コーエンとジェリー・グリーンフィールドはアイスクリームを売り出すにあたり、巨大な競合会社（デラックスなアイスクリーム会社）とは違うアプローチを取ることにした。「ハーゲンダッツ（Häagen-Dazs）」はこの世に実在しない、それ自体では意味をなさない語句であり、外国の響きがする造語だ。ハーゲンダッツのパッケージにはスカンジナビアについて書かれているが、このアイスクリームが現実に製造されている場所はニュージャージーだ。「フルーゼン・グレッへ（Frusen Glädjé）」も同じく意味をなさない語だが、ハーゲンダッツのモノマネとしてスタートしたアイスクリームだ。[※29]

ベン&ジェリーはアイスクリームの蓋に自分たちの写真と共に手書き文字を、側面には牛を、そしてカップの中にはヴァーモント産のアイスクリームを入れた。実在する人間が、実在する手触り感のある、天然素材を使ったアイスクリームを売る。ただし、ヒース・バーとオレオ・クッキーはその限りではない、とはっきり謳っている。

雑誌『ハロースミス』のケースを見てみよう。ジム・ローレンスは、創刊号を『ハロースミス』の競合雑誌『オーガニック・ガーデニング』購読者1万5000人へ無料贈呈した。これは雑誌創刊のマーケティング手法としてはいまだかつてほとんど例がない。通常、雑誌購読のお誘い作戦は、対象とする読者が当の雑誌の内容をほとんど知らない状況の中で立てられ、実行される。ローレンスはそのような、業界内にある伝統的なやり方を無視した。結果、無料贈呈した20パーセント以上の人が、定期購読の申し込みをした。

スミス&ホーケンは、身も蓋もない言い方をすれば、「顧客が頼んでもいないカタログを送りつけ、注文をいただくビジネス」だ。あなたが同様のビジネスを始めようとするとき、まず最初に調査するべきなのは、「どのような種類の正確なリストが業界内に存在するのか」という点だ。

新規参入の通販会社は最初のカタログを、25～100の異なるリストを用い、12万5000

〜50万人分の顧客に向けて片っ端から送る。この「絨毯攻撃」の結果は分析され、効果の高かったリストは2回目以降、さらに活用される。これがダイレクト・マーケティングの「科学」であり、郵便箱に到着した途端、数にして400億通ものゴミ箱行き郵便物を生み出すからくりなのである。

スミス&ホーケンは、創業4年間はたとえ一人たりとも名簿屋から名前を買うことはするまい、と決めていた。その代わり、園芸やガーデニングに関連する雑誌や、定期購読者の多くが「持ち家あり」の読者という雑誌2、3誌へ小さな広告を出した。

ぼく自身に送りつけられるカタログに好きなものはなかった。そこに出ている商品たちを買わないと人生が終わってしまうかのようなコピーも気に食わない。しかもその商品といったら、田舎暮らしのメールボックスには不必要な電気式メール探知機、カクテル・タンブラーと共にかっこよく写っているゴールデンリトリバー、そして一番多いのが、殺鼠剤だ。どれもこれもぼくにとって魅力の感じられない商品ばかり。そしてどのカタログもぼくにIQのかけらもないかのように欲望を煽る、煽る。ディスカウントにも、「お買い上げいただいた方に驚きのプレゼント贈呈!」にも、写真映りはいいけれど、注文して届いた箱を開けた途端にメッキが剥がれる安物たちにも、うんざりだった。しかも、フリーダイヤルに出る担当者ときたら商品知識は皆無。質問にも答えられない。要するにそれらのカタログはぼくという人間を、一人の潜在顧客としてではなく、カネの成る木としてしか、見ていないのだ。

そういう中でも例外はある。

ホワイト・フラワー・ファーム、L．L．ビーン、ノーム・トンプソン、ブルックストーン。これらの会社は古き良き、混ざりっけなしの美徳があった。その美徳は、スペシャリティ・リテイリング（専門店）、ニッチ・マーケティング、マーケット・セグメンテーション、などといった用語が生まれる前にすでに存在していた。[※30]

後発のスミス＆ホーケンに何ができるだろう。この新しい小売の時代にどんな新しいことができるか考えることがぼくたちの課題だった。答えはシンプルだ。

自分たちが買いたくなるカタログを作ろう。（はじめのうちは）カラー印刷はやめよう。「ダイレクトメールで億万長者になれる」セミナーに参加しない。コンサルタントを雇わない。業界出版物を購読しない。ダイレクトマーケティング協会に加盟しない。商品発送センターに外注しない。フリーダイヤルの24時間電話窓口サービス会社を使わない。顧客名簿を買わない。「会社のイメージ」を創るために、カタログデザイン会社を使ったりしない。当時ある友人が言ったように、まるで知的なプランではなかったが構うものか。少なくとも、がっちり頑固な意志はあった。

カタログ創刊号を発送した数は497人（そのうち、283の注文を頂戴した）。ぼくたちは手元の顧客リストを一人、また一人と丁寧に増やしていった。商品を買ってくださった方、あるいは、問い合わせをしてくださった方に限って、リストへ加えたのだ。先に触れた、小さな雑誌広告は静かに人々のマインドの中へ蓄積していった。サイズは大きくないけれど、継続して目に触れることで、人はぼくたちがいつもそばにいると感じてくれたし、まだビジネスをやっているのだ、ということも知らせることができた。

やがて人はこう思う。「うむ。ここに載っている道具って、一体どんなものなんだ？」スローに、本当にスローに、リストは育っていった。それに寄り添うように、収益も、スローに育ったのである。スローだけれども、ぼくたちはほんものの確実さを得た。継続するパワーもまた、身についた。

4年後、スミス&ホーケンの顧客名簿は20万人になった。そこで初めて、ぼくたちは外部の名簿屋からリストを手に入れた。もちろん、電話するといわゆる「コールドコール」、冷たい反応も返ってきたが、電話口の向こうの多くの人がぼくたちのことをどこかで目にしたことがあるか、聞いたことがあった。もう、「知らない会社」ではなくなったのだ。カタログを送ると受け取ってもらえた。そして反応も良かった。

1年後、ブルックストーンがぼくたちをぶっ飛ばすカタログを作り始めたと宣言した。さもありなん。

ブルックストーンは通販ビジネスの大先輩で、すでに20年のキャリアがある。扱う商材の中には園芸用品もあり、経験豊かなバイヤーやマーケターで構成されたプロフェッショナルチームを擁している。通販ビジネス界最大規模の商品発送センターを自前で持っていた（つまり、ご注文いただいた商品を素早く短納期で届けられる）。ぼくたちの推測では、彼らは40万人の通販顧客がいた。対してわが社は2万5000人だ。顧客に聞き込み調査をしたところ、どうやら彼らは華麗にやってきて獲物を手にするようだ。ぼくたちはまるで座ったアヒルのようにただ黙って見守るしかなかった。

カタログは試験的に三つの異なった名前で送られた。100万人の顧客に宛て、郵送された。

結果。効果、なし。

なぜか。ブルックストーンは顧客からパーミションをもらっていなかったから。

熱意、経験、お金。これらがあったとしても、パーミションの代わりにはならない。

本書のはじめに、ぼくはこう書いた。「速攻らくらく大儲けの方法など書くつもりはない」と。

簡単に速攻で金持ちになろうという魂胆は間違っている。「らくらく大儲け必勝法」は、ビジネスを育てることとはまるで関係ないことなのだ。

L．L．ビーンは強いパーミションを市場からもらっている。高品質の製品とサービスによって、同社は70年代後半のプレッピー世代[※31]が勃興するトレンドにうまく乗った。ビーンはあらゆる世代に受け入れられる品揃えをした。やろうと思えば、このトレンドに乗っかって、プレッピー御用達ブランドとなることも可能だった。

しかし賢明にも、彼らは自社のオリジナルの価値にぴたりと寄り添う戦略をとった。彼らは2年もの間、慎重に事を運んだ。そして自社の出発点である、アウトドア・スポーツ用品という価値に立ち返ったのである。成功でアタマに血が上り、わけがわからなくなるということもなかった。そして、結果的にこの注意深さが会社を救ったのである。

ただ一つだけ、小さいことだが、気になることがある。ビーンはちょっとズレてしまったのではないか。

というのも、ビーンのネームラベルの位置だ。かつては商品の「内側」にあった。ところがある日いきなり、たとえばデニム・ジーンズや腕時計の「外側」につき始めたのだ。ぼくはビーンの内情に詳しくないので（同社は非公開企業）、これら「外ネーム」商品の売上が満足いくものだったのかどうかわからない。しかし、少なくともぼくや友人の間でくだんのブルージーンズについて話題にしたときには、ビーンは顧客との間にある暗黙の了解を踏み外してしまったのではないか、という意見が強かった。ビーンの顧客はデザイナーズブランドでは当たり前についている「外ネーム」には惹かれないはずなのだ。ビーンのジーンズには似合わない。

パタゴニアもまた、ウィットに富み、ユーモラスで、遊び心あふれ、そのくせ驚くほど正確に商品特性を言い得ているコピーのおかげで、市場からパーミションを獲得している。旅行用ウェアについていた次の文章を読んでみて。ノラ・ギャラガーとイヴォン・シュイナードの筆になるものだ。

旅行服といえば「悲惨」の代名詞です。テカテカの合繊と珍妙なニットで作られたこれまでのよくある旅行服は、旅行者に「ツーリスト」というおぞましい称号を与えました。服をひと目見れば、「あ。あの人、ツーリスト」というわけです。そこで、そういう不名誉を避けるため、人は涙ぐましい努力をします。その結果……。

外国のホテルに到着する頃にはまるでひきずってこられた猫のようなありさま。しわくちゃのオクスフォードシャツ。重く暑苦しいブルージーンズ。ふやけて形の崩れたブレザー。見た目が悪いのなら、当人の気分もまた最悪のはずです。さらに、旅の目的地がサンフランシスコより南か、ハワイより西であれば間違いなく暑さで参っているし、モーニングティーが2杯目になる頃、すでに服はくたくたになっているはず。

そこで、わが社の出番です。
外国の税関と領地を果敢に乗り越え、活躍せんとする紳士淑女のために、シャツ、パンツ、そしてご婦人にはスリット入りのスカートをご用意しました。わが社の作るマネーベルトはクラシックスタイルです。革製のそれは、スリが暗躍する街でも、インフレがひどい国情でも、クレジットカードの使えないホテルでも、安心してお金を隠しておくことが可能です。そして！（もちろん、自慢できる商品はこれにとどめを刺すわけではないのですが）私たちはあなたのお名前を汚すことには決してならない、素晴らしいスポーツコートのデザインに成功しました。「トラベル・ツイード」と言います。

あなたが世界一周の船旅を楽しんでおられる途中エベレストに立ち寄り、登山することになったとします。寄港地でロイヤル・ニュージーランド・ヨットクラブに招かれることがあるかもしれません。あるいは、エベレスト登山の後、大使館主催のパーティに顔を出してみようか、ということになったら、スポーツコートは必需品です。そしてそのコートは、荷物から出したとき、カビが生えたり、虫食いの穴が開いたりしてはなりません。シワはなるべくないほうがありがたいですよね。

このエクセレントで、クラシックなジャケットは、わがパタゴニアの旅行服の原点といえるものです。これさえあれば、列車の中でも、かしこまった席でも同じ落ち着きと自信で臨むことができます。もちろん、シワにならないスポーツコートを作っている会社はほかにもあります。しかし、その多くは着るに堪えない、ひどいものばかり。私たちはパーフェクトな素材を求めて世界中を旅し、そしてついに日本製のポリエステルツイードにたどり着いたのです。一見普通のポリエステルのようですが、ソフトな肌触りと、そのブラウンの色が、特にカーキ色やリーバイスに合わせるとよく映えます。

　トラベル・ツイード・コートは、裂け止め加工をした丈夫なナイロンで裏当てしていますので、着たままカヤックに乗ったり、ボンベイのタクシーに乗車しても、簡単に破けたりしません。内ポケットはパスポートや地図が簡単に入る大きさ、そしてジャケット表側には、胸ポケットをご用意しております。前面下側のフラップ付きポケットは、あなたが新しい条約を批准し記念写真に納まるためにキメのポーズを取る際にも、はたまたバーカウンターにもたれ、ちょっと気取ってジントニックを楽しむときでも、中にこぶしを入れてお釣りがくる、たっぷり余裕のサイズです。

　コートの折りたたみ方の解説書は胸ポケットの内側に縫い込んでおりますので、機内で失くしてしまう心配はご無用です。コートは専用のトラベルポーチ（裂け止め加工をしています。サイズは27・9×27・9×2・5センチ）に入っており、汚れ物と一緒にバッグに放り込まれていても大丈夫。シワにならないと100％の保証はできかねますが、万が一シワになったときには、浴室に吊るしておいてください。シャワーの終わる頃には、元に戻っているはずです。ドライクリーニングのみでお願いいたします。輸入品。

…………………………

長い引用となったが、読者は読むのに退屈しなかったはず。最初の一文だけで、読む人――見込み客だ――に親近感を与えてくれる。そして、読む者の心をとらえて離さない。

かつてヘミングウェイは言った。「作家たるもの、動じない心とインチキを見抜く発見能力を持っていなければならない。そしてそれは100パーセント持って生まれた才能であるべきだ」

もしこれが本当だとすれば、米国民は作家だらけだ。米国の生活者は実践的なインチキ発見能力を手に入れた。マディソン・アベニューの広告代理店たちが腕を磨けば磨くほど、米国民の認識力も上がるという仕組みだ。時には失敗してジャンク（がらくた）をつかんでしまうことはあるが、ジャンクにも小さいながら使い道はある。それがわかっていてぼくたちは買う（ホンダやトヨタの広告は車を売り込んでいない。長くなじみの米国の車広告は車を売るものであるにもかかわらず）。

ビジネスの新人として市場にデビューするとき、ほんもの感を演出してみよう。ある意味、ジャンク広告は正直でまっとうなマーケターにとっては追い風となる。ジャンクだらけの中、正直なコピーと広告はむしろ新鮮だ。見た人は容易にそのほんもの感を嗅ぎ取り、心のガードを外して受け入れるはずだ。こうなるとマーケティングは、よりやりやすくなる。シンプルに、顧客に向き合い、何が知りたいのか、話してみよう。

競争の激しい状況であっても、正直さと率直さはこけおどしのプロモーションや誇大広告よりも遥かに効果的だ。

ベン&ジェリーは、ピルズベリーが競合するハーゲンダッツを買収した際、一つのターニングポイントを迎えた。ピルズベリーは傘下の販売店に、店の棚からベン&ジェリーのアイスクリームを取り払うよう圧力をかけたようなのだ。ベン&ジェリーは訴訟を考えたが、法廷闘争になると何年もの時間がかかるし、費用もバカにならない。しかも、下手すると倒産してしまうかもしれない。

そこで彼らが取った方法はこうだ。車のバンパーステッカー・キャンペーン。そしてこのキャンペーンは同社で最もうまくいったマーケティングだ。

まず、ジェリーがデモ隊よろしくピルズベリー社正面に看板を持って立つ。看板にはこう書かれている。「ドウボイ（訳注：ドウボイはピルズベリー社のマスコット）は何を怖がってるんだ？」同じ文句を書いたバンパーステッカーを貼る。バス広告をした。飛行機で横断幕を飛ばした。いずれの広告にも同じ文字が躍った。

「ドウボイは何を怖がってるんだ？」

アイスクリームの蓋にも同じ文字を入れ、通話料無料の電話番号を添えた。

その番号にかけると、ジェリーからのメッセージを聞くことができた。ジェリーはピルズベリーとの苦しい状況を語った。そして、最後に電話をかけてきた人の名前と住所を残すよう頼んだ。「ドウボイ・キット」を送るためだ。そのキットには状況のより詳しい説明とバンパーステッカー、そして2通の手紙が入っている。受け取った人がサインをして送る。1通はピルズベリー宛の苦情の手紙、そしてもう1通はヴァーモント州検事総長宛だ。

評判はうなぎ上りに高まった。こんな「美味しい話」をマスコミが放っておくはずがない。飛びついた。日に100もの応援電話がベン&ジェリーのオフィスにかかってきた。そしてついにピルズベリーは態度を軟化させ、世間の見守る中、ベン&ジェリーのアイスクリームをハーゲンダッツの隣へ戻した。ベン&ジェリー社が、この一件を「自社の成長と発展のターニングポイントだった」と話すのには、こういういきさつがあったのである。

スモールビジネスの経営者として、あなたは真実を語るのに、ゲタを履かせる必要などまったくない。だからといって、「自分はナンバーツーだから頑張っているのです」とわざとらしく宣伝せよ、というのでもない。言いたいのは、**顧客に、自社の製品・サービスの品質と、飾らない本当の姿を包み隠さずさらけ出そう、ということ**だ。この、けばけばしく飾り立てた、うさん臭い自慢話で満ちあふれた世の中、真実ほど人の心に響き、しっかり伝わるものはない。

事例を見てみよう。

ホワイト・フラワー・ファームは、顧客に自分のミスを、腹を割って話した。

『ガーデンブック』春号の中で、私たちはお客さまからいただいた旧番号へのお電話を、新番号へうまく転送できなかったことについてお詫び申し上げました。原因は10月に弊社が導入した新しい電話システムです。ところが新しいテクノロジーは私たちの理解を超えていました。11月から3月までの間、お客さまから頂戴したお電話に誰も出ない、という事態になってしまったのです。その数は数え切れません。お電話いただいたお客さまには呼び出し音が聞こえているのに、電話口の向こうにいる私たちの耳には聞こえていなかったのです。そうです。私たちはたしかにいたにもかかわらず、電話に気づかなかったのです。事実、電話がないので、私たちは一体お客さまはどうしてしまったのだろうと考えた

ものでした。不具合が発見されると電話会社はシステム全体を取り除き、前のものと比較するとやや劣るが、信頼性はずっと高いものをインストールしました。その間、多くの友人（お客さま）が粗末な扱いを受けてしまいました。その貧しい対応は誰あろう、私たちの手によるものです。心からお詫び申し上げます。現在、電話システムは正常に機能し、俊敏な対応を心がけております。

マーケティングの正直さを見るもう一つの方法は、「うるさい度数チェック」だ。

情報理論を市場に応用してみると、「騒音指数に対する信号指数」を測定できる。騒音は950億ドルもの広告宣伝費だ。まるで街全体が、自衛のため一斉に騒音を出しているかのようだ。分母をノイズとし、分子を正直度とする。広告は、まるで騒音で満ちた街を、サイレンを鳴らして突き抜ける救急車だ。救急車がサイレンを鳴らすのは、騒音の中で注意を向けてもらおうとするなら、より大きく叫ぶしか方法がないからである。そしてもちろん、あなたがゴールとするべき究極の目的は、顧客と静かに、そして優しい口調で対話できることだ。

1986年初頭、米国下院はニカラグアのコントラ（反政府勢力）支援法案について審議していた。右翼の法案支持者たちはロビー活動のためテレビ広告に200万ドル使った。数か月の間、法案反対論者たちは沈黙を守ったままだった。そして、ついに議案投票の2日前になってサンフランシスコのグループ、ザ・パブリック・メディア・センターが、『ニューヨーク・タイムズ』に1ページ大の広告を打った。コントラの残虐行為について述べた本文の上には、次の見出しを掲げた。

「あなたが支払った額だけ、テロとなって返ってくる」

だから法案成立に反対し、地元出身議員に電話をするなりして、廃案に追い込もうというわけだ。結果、法案は不成立となった。コントラ支持者の使った費用の1パーセント、2万ドルしか使わなかったにもかかわらず新聞広告の効果を、多くの人が知ることになったのである。

市場は、絶えずあなたのビジネスに入り込んでくる情報の流れといえる。その流れを読み、信号を感知できるようになれば、そこからビジネスチャンスが見えてくる。まさにこのチャンスを注意深く探っていこう。滑空しているかのような、スキーで快適に滑走しているかのような、どんなスポーツでもいい、あなたの身体がまるで透明になったかのような、そんな感触。もちろん、ビジネスはスポーツではないが、しかし、ここでいう感触は感情的なもので、アタマを使うものではない。市場のど真ん中を探り当てることができたなら、鏡のような水面でオールを漕ぐときと同じような、なめらかな感触を手のひらに感じられるはずだ。

エリュウホンを創業したとき、フードビジネスの中でぼくたちは完璧に変人だった。主流からは大きく外れていたので、初めて社名を目にした人の半分が正しく発音できなかった。疑いとあざ笑いで迎えられた。あるトラック運転手など、雑穀を荷下ろししながら、「誰が鳥のエサなんか食べるものか」と言った。

たいていのビジネスは、既存の市場の中においてニッチな立ち位置を確立するためのアイデアで成立するものだ。しかし、それだけではダメで、新しい商品によってビジネスを確立するためには、新しい市場を創造することも求められているのである。

すでに市場にある競合品のみならず、市場の持つ慣性とも闘わねばならない。アイスクリームの新製品で市場になぐり込みをかけることと、豆腐アイスクリームをアイスクリーム市場に売ることとはまったく別の話なのだ。製品が共に同じく良いものだとすれば、アイスクリームメーカーのほうが、豆腐メーカーよりよほど楽に取り組める。

エリュウホンの場合、1970年代のフードビジネスの中心になることができたと自負している。当時、自然食品店は雨後の筍のように出店ラッシュだった。ぼくたちは卸売に対応できるオペレーションの体制を整えた。月に100もの新しい取引先が増えた。幾何級数的に増えていった。かつてのぼくたちの顧客が店を持ち、開店していくケースが多かった。

1980年、スミス&ホーケンを創業したとき、売上は4万ドルだった。知名度がなかった。園芸に惚れ込み、ぼくたちの扱っている道具やほかの製品に胸を熱くしてくれる顧客たちの基盤。成長は、この基盤をぐらつかせるのではないかとぼくたちは考えた。げんに、売上が大きくなるにつれ、そのような「濃くて熱い」顧客は次第に少なくなってきていた。自分たち独自のオリジナリティのとんがりを失うことなく、現在の小さい基盤から脱却し、成長の波に乗るためには、何か「突き抜け」る必要があった。

売上が200万ドルを超えたとき、ぼくたちはさらに広い顧客の海に手が届く一歩手前まで来た。

ところが、その段階で、ぼくたちは仁義なき競争の海に巻き込まれたのである。競合社が1社から一気に（ほとんど一晩で）8社に増えた。中には豊富な資金力と人材を抱える会社もあった。それからの18か月というもの、ぼくたちが大事に持っていた顧客基盤は相次ぐ値引き、値引き、値引きの攻撃に遭った。顧客は混乱し始めた。どの会社がオリジナルで、どれがモノマネなのか、区別がつかないからだ。

わがスミス&ホーケンも手をこまねいていたわけじゃない。下落しつつあるドルが輸入コストを上げているにもかかわらず、値引きを断行した。発送するカタログの数を3倍にした。その後の2年で、ぼくたちは200万～400万ドルの売上から、1000万ドルに成長を果たした。値下げすることによって、顧客に対してわが社が並み居る競合の中、最も効率的で、かつ価値志向だという点をアピールできた。結果、顧客はスミス&ホーケンが市場リーダーなのだと認識した。

いま話した意思決定がターニングポイントになったわけではない。市場のニッチを埋めた最初の会社であること、ベストの商品ラインナップをいち早く固めたこと、効率の良い注文・配送の社内システムを構築しようと必死に努力したこと、十分な資金量を確保したこと。これらの努力の結果できたことなのである。そして、3、4か月の死闘の後、ぼくたちの身体の中に、自然と、次の感触が滲み出てきた。そう、ぼくたちは市場のど真ん中にいるのだ、という。

第9章

顧客の視点から学ぶ

You Are the Customer,
You Are the Company

グリーン夫人はある商品を買って、半年後返品、返金してほしいと言う。

あなたは新しいルールを作る。

「商品の返品はすべて、お買い上げの後30日以内にお願い申し上げます」

ジョーンズ氏がやって来て、これは20日前に買ったものだ、返金してほしい。

ところが、あなたは通りの先にあるディスカウントストアで同じ商品を扱っており、このたびの閉店セールで売られていたのを知っている。ジョーンズ氏の持ち込んだこれ、ディスカウントストアで安く買い、にもかかわらずうちの店に定価で買い戻してもらおうという魂胆なのでは。そこであなたはルールを追加する。

「商品の返品はすべて、お買い上げの後30日以内にお願い申し上げます。その際、必ず当店のレシートをお持ちください」

ジョン・ドゥが返金してくれと商品を持ってきたが、壊れている。車から落としたんじゃないのか？　ここまでひどいと、これは使えない。

またもやルールの追加だ。

「商品の返品はすべて、お買い上げの後30日以内にお願い申し上げます。その際、必ず当店のレシートをお持ちください。欠陥品の場合は、製造者の責任に拠るものに限定させていただきます」

ホワイト夫人が商品を注文し、郊外にある自宅へ配送してほしいと依頼した。3週間後返品されてきた商品は原型をとどめぬほどになっていた。ホワイト夫人は返金してほしいと言うが、トラック運転手の話によれば、夫人宅の玄関では「良好な状態」だった、だから夫人は受け取りのサインをしたのだ、と。だから保険請求の対象と言われても困る。自分に責任はない。

新ルール。

「この商品は最高の状態で当店から出荷されております。正当な理由のない限り、返品は受け付けられません。配送中のいかなる損傷にも当店は責任を持ちません。返品はお受けできません。損傷した商品にかかる修理費用、配送費用、交換部品の費用はすべてお客様のご負担になります」

最後のルールはぼくの作ったジョークじゃない。うちのオフィスに配送されてきた1万7000ドルのファイルキャビネットに同封されていたものだ。くだんのキャビネットメーカーが、配送に伴うトラブルに遭ったことがあるのは明らかだ。

とはいえ、ぼくはこの文言はいかがなものかと思う。ぼくならこうする。

「本キャビネットをお客様にお届けするにあたり、私たちは入念に検査し、完璧な状態であると確認いたしました。もしお客様のお手元に届いた際、何らかの不都合がございましたら、配送中起こったことと推察されます。その場合には、お手数ですが、ご連絡いただけますと幸いです。私たちの誇る職人気質とお客様のご満足の間に行き違いがあることは耐えられないことです。喜んでお客様の保険申請手続きのお手伝いをさせていただきます。原因究明のフォローアップも迅速丁寧にさせていただきます。私どものキャビネットをお選びいただきまして、誠にありがとうございます。どうぞご不明の点がございましたら、何なりと遠慮なくお問合わせください」

「お客様第一」「お客様はいつも正しい」「お客様に密着しよう」これらのフレーズは耳にタコができるほどだ。たしかにこれらの信条（credo、クレド）は素晴らしいものだが、信条イコールビジネスというわけでもないことも念頭に置かなければならない。

現場で「お客様」に提供されるサービスが、壁に掲げられた信条に基づいて行われることはない。では、何に基づくかというと、それは、創業者、オーナー、マネジャー、そして現場を預かる一人ひとりの従業員の持つ視点や倫理だ。つまり、壁に貼られた標語が効力を発揮するのは、唯一、現場担当者の信念にまで落とし込まれているときなのである。あなたのビジネスの場合はどうだろうか。あなた自身の信念に刷り込まれているだろうか。

ほとんどの北米企業が、顧客との関係性を、満足いく品質にまで高められていない理由がここにある。経営陣は顧客を、あくまで社外の要素の一つとしかとらえていない。大企業や大規模小売店では特に。それらの企業は、顧客や取引先から被る、考え得るすべての不正、誤用、いざこざ、だましからわが身を守る武装をしている。

結果、米国企業の顧客サービスがガタガタになってしまっているのは決して偶然ではない。世界広しといえど、米国ほどひどいサービスや顧客対応の国はない。


例を挙げよう。1987年2月、妻とぼくはドッジバンの新車を買った。いい車だった……たった一つの例外を除けば。

これまで体験したことのないプラスチックの悪臭がするのである。

この車でドライブすると、家族みんな頭痛がし、生まれて初めて感じる吐き気に襲われた。時には、実際に吐いてしまったほどだ。ディーラーのサービスマネジャーに訴えた。マネジャーは同情してくれた。そこで彼は全車を洗浄した。それでもダメだった。もう一度ディーラーに持っていった。今度は別の新しいマネジャーだった。彼は自分で運転してみた。戻って来て言うには「これは新車のにおいですよ」と、事もなげに、ぼくたちに車を返却した。そこでぼくたちはその後数週間、車のドアと窓を全開にして外へ放置しておいた。しかるのち、もう一度運転してみた。頭痛がするのは変わらなかった。三度目の正直、またディーラーに持っていった。くだんのサービスマネジャーは妻を笑うばかりだった。

ディーラーではラチがあかないので、かくなる上はと、ぼくはメーカーのクライスラーに電話した。担当者が言うには、「お客様がたしかに頭痛を患っているという医師の診断書がなければ、車を検査することはできかねます」。とんでもない。ぼくはカリフォルニア州の欠陥車法に基づき、くだんの車を返品する、と手紙を書いた。クライスラーは担当者を行かせる、と返事してきた。

7週間待った。もう一度手紙を書いた。ようやく「担当者」訪問のアポが取れた。クライスラーを訪問し、サービス部門の部屋に入ったとき、そこにいる社員がぼくを指さしてクスクス笑いをするのが見えた。

クライスラーの担当者はぼくの車をその日は預かり、翌日、連絡してきた。折り返しの電話を入れたとき、ぼくが話しかけているのはスピーカーフォンに向かってだった。電話口に出るのは担当者一人だが、明らかにほかに上司、弁護士、などといった連中がそばで聞き耳を立てているのだ。担当者は言った。

「ただの新車のにおいです」

今回の一連のやり取りの中、ぼくたちに気遣いを示してくれたのは、唯一、最初に接触したディーラーのサービスマネジャー一人だ。ぼくたちの言うことは信じてもらえなかったし、こんなことがあったと伝えても正当なものと受け入れてもらえなかった。健康や、ひょっとして今後起こり得るかもしれない健康への影響についても、誰一人として触れなかったし、考えもしなかった。

顧客の立場に立ってみれば、組織というものは、「問題」を避けるために訓練されているかのように見える。ぼくたちの視点から見ると、クライスラーの「戦略」は、できる限り遅延工作をし、最後には問題の原因が雲散霧消してくれることを期待しているように見える。

ぼくたちの前には、裁判沙汰にするか、車を売り飛ばしてしまうか、二つに一つしか道はない。しかし、いずれの道をとったとしても、誰一人として「勝つ」人はおらず、「全員敗北」だ。なぜなら、ぼくは貴重な時間とお金を失うし、クライスラーは顧客を永遠に失うことになるから。

いいや。失う顧客は一人ではない。ぼくのバンを気に入っていた二人の友人はこれまでのいきさつを耳にして、買うのをやめた。そしてぼくの会社では別のメーカーの車を買うことにした。

しかし、こういうことは何も大企業に限った話ではない。ぼくのオフィス近所にあるデリカテッセンの中をぶらつくと、米国商売の恥部が掲げられている。

「私たちは、たとえ相手がどなたであっても、サービスすることを拒否できる権利を有しております」

よぼよぼになっているのか、それとももうこの世にはいなくなっているのか、わからないが、誰か弁護士がこの警告を発明したのだ。おかげで米国企業は一般的な権利のみならず、「たとえ相手がどなたであっても、サービスすることを拒否できる権利」もまた、手にした。さぞや弁護士も満足だろう。しかし、それにしても、一体どうしてこんなに情けなく、小さくなってしまったのだろうか。

市場がただうるさいだけの無益な騒音で満たされれば満たされるほど、あなたの発信する静かで意義深いメッセージが混乱を突き抜けるパワーを持つように、ひどいサービスが世の中に満ちれば満ちるほど、むしろあなたにとっては福となる。

ぼくは、米国におけるサービス倫理の放棄が、スモールビジネス繁栄の大きな、かつ唯一の要因であると言い切ってよいとまで思っている。多くの点で、スモールビジネスと大企業の間の差異がサービスそのものになっている。

ユニバーシティ・ナショナル・バンクのカール・シュミットは、ここ最近の銀行の「新製品ブーム」を鼻で笑っている。シュミットと行員たちは、新製品を作るひまがあったらサービスに注力しようと考えているのだ。そしてこのことは、ヴァージニア・ビジネス・スクールのリサーチャーたちがまとめた調査報告の出る遥か前に、すでに彼ら自身が実行していたのである。その調査とは、銀行の顧客が、銀行に改善を望むことをランキングしたもので、それによると、「新製品」はランキングの最後だ。

最も期待するのは「サービス」なのである。しかしながら、銀行関係者にとって、顧客がサービスを望んでいることを知るのに、わざわざこのような調査は必要ないはずだ。

強い顧客倫理は創業時から中心に据えられているべきである。たとえ、時に損をしてしまうことがあるとしても。ビジネスが成長するに従い、ますますサービス品質を維持することに心を砕かなければならない。

あなたが製造業であろうと、農業であろうと、流通業であろうと、何かの販売業であろうと、「サービス」が求められるのである。伝統的なビジネス書では「モノ」と「サービス」とを厳格に区別していたが、あなたは同様の考え方をしてはいけない。**サービスは製品の最終ステージだととらえよう。**

そして、サービスは顧客が満足して初めて、完結する。スプリングフィールド・リマニュファクチュアリング・センター（第7章参照）では、社員は、たとえ遠くに離れた場所であっても、自ら責任のある大きな失敗を正すためには、実際に現地へ飛び、現地で解決することにしている。経験から学び、その学びを同僚と分かち合う。そして、顧客はいまだかつて体験したことのないサービスに感銘を受けるのである。

スミス&ホーケンではカタログを通して商品を販売している。郵便による通信販売は中間業者をカットすることになり、それがぼくたちの強みとなっている。顧客に向き合う際にトラブルを起こすかもしれない変数を一つ削除することができているというわけだ。

しかし、このマーケティング手法は一方で、顧客とぼくたちの間に距離を作ってしまっている。すなわち、顧客はぼくたちのサービスを通じてしか、ぼくたちを知る術（すべ）がないのだ。これに気づいたため、「過剰にやる」をポリシーにした。３０００マイル先に住んでいる顧客が不便に感じたり、スミス&ホーケンとの距離に感じるもどかしさを解消する対策として。

ぼくたちは、顧客に向き合う際に必要なガイドラインを作ることにした。

シンプルだが、会社のカルチャーに根差したフレーズで作る。

ガイドラインは、その後会社が成長する過程でぼくたちを助けてくれた。スミス&ホーケンは経営目標を立てたり、行動基準を定めたり、社内業務の手続きを文書化したり、お説教が常時あったり、というタイプの会社ではない。熱狂的な愛社精神を持った社員など、どこを探してもいない。その代わりに、ぼくたちが寝ても覚めても目指しているサービス品質を体現できる人を採用することに集中した。最初からネクラの人に向かって、誰かの手助けをしたりサービスしたりしなさい、と教えたところで不毛だ。

サービスガイドラインを作り、あらためて読んでみて驚いた。そこに書かれてあるガイドラインは、顧客に対してというより、むしろぼくたち経営陣の、社員に対しての態度について語っていた。お客様第一？　わが社の場合、正確には、違う。社員が第一なのだ。顧客に対する社員の態度は、経営陣の、社員に対する態度を反映するものだ。ポジティブな社員倫理を持たずして、社員の中にポジティブな顧客サービス倫理が植え付けられるはずがないのである。見事なまでに、互いが感応し合っている。

⦿わが社のゴールは、顧客サービスをベストではなく、伝説にすること

最近まで、顧客サービスの点で「伝説の」と呼べる通販会社はわずかに1社だった。その名はL．L．ビーン。そのほかの会社も悪くないのだが、創業間もなかったり、小さすぎたり、

あまり知られていなかったりして、ここで褒めたところであまり意味がない。

「伝説」とは、ゴールが常に前に向かって進んでいて、つかもうとしてもつかめない、という点がポイントだ。「もうこれでＯＫ」という自己満足を許さない。顧客が何かしてほしいと思ったら、すぐにピン、と霊感のように感じ取る。

伝説のもとでは、顧客に向き合う全員に、不可能なことなど、何もないような気にさせる。ある顧客が、組み立てている最中に壊してしまった木製のガーデンベンチをどうしたらいいか質問してきた。ぼくたちのオフィスから遥か彼方、１０００マイルも離れたところの顧客だ。ぼくたちはくだんの顧客の近所に住む友人の大工に電話をかけ、ベンチを修理してくれるよう頼んだ。もちろん、無料だ。そんなことをしたら費用がかさむじゃないかって？　長い目で見れば、そんなことはないよ。

⦿あなたもまた一人の顧客なのだ

顧客サービスというものを突き詰めていくと、会社と社員の間にはっきりした対立の構図が生まれてもおかしくない。良い顧客サービスを提供しようとすれば、「会社なんてクソくらえ！」と怖れず言い放つことのできるパーミションを社員が持っているべきである。

アタマに来ている顧客を満足させるのに必要とあらば、何をやっても構わない。「感情をコントロールでき、思慮深く、成果につながるマネジメント」なんていうのは、ビジネススクールでは耳に心地よく響くかもしれないが、現実にこんなことをやると、顧客の気持ちを逆撫でしてしまうはずだ。

数年前のこと。「顧客サービス部門と顧客との間で手紙が行ったり来たり事件」が起きた。問題はアメリカン・エクスプレスカードの認証だった。調査の結果、非はぼくたちにあることがわかった。顧客は古くからのお得意様で、この行ったり来たりのやり取りのおかげで彼女の注文は2か月も宙ぶらりんになっていた。メールオーダー通販につきものの悪夢が現実になってしまったのだ。ぼくたちは大切なお客様にひどいことをしてしまった。ご注文の品を送り、代金はいただかなかった。このおかげで90ドルの費用が消えた。

それ以来、今回のトラブルのもととなったメールサービスの利用をやめた。何か質問があったり問題が発生したときには、電話をかけることにした。電話は問題の発生と解決の間に横たわる時間を取り除いてくれる。しかも書類作成の手間もない。この問題の報告はぼくのもとにもなされたが、それ以上にはならなかった。なぜなら、社員は一人ひとりみな個別の問題の責任者であり、権限と責任も持っているからだ。社員は、顧客のためになることであれば、会社なんかクソくらえ、と言えるのである。

顧客の問題解決の際、利益は横に置かなければならない。目の前にある問題、報酬、あるいは怒りで熱くなっている顧客を「赤字」というレンズを通して見ると、ベストの解決方法には到達できないはずだ。

顧客が「良いサービスを受けた」と認識しない限り、それは良いサービスとはならない。そういうものである。いくらいい方針や手続きがあったとしても、それが現実に良い結果を出さない限り、意味がない。

社員に必要なのは、顧客と何かうまくいかない事態に立ったとき、即興でより良いサービスを提供できるだけの自由裁量を持っていることだ。多くの顧客サービス担当者は、顧客にこんなことをしたら、上司から「あいつはバカじゃないのか？」と思われるのではないかとビクビクしているのが常なのである。これでは顧客サービスが窒息してしまう。

顧客は「方針」など欲しいとは思っていない。欲しいのは「人」だ。

「申し訳ございません。会社の方針ですので」。これまで本当にたくさんの人がこの言葉で通せんぼされたことと思う。顧客トラブルにどんな方針を持とうとそれは自由だが、しかし忘れてならないのは、シンプルで、うるさい決めごとがなく、そして信頼に基づいた対処がなされることだ。

にもかかわらず、世の多くの方針は不信に基づいている。「方針」を意味する英語の「ポリシー（Policy）」は、人を取り締まる「警察（Police）」と同じ語源を持っているのである。用心しよう。

⦿あなたが会社なのだ

会社に働くすべての人がオーナーシップ（オーナー意識）のある威厳と責任を持っている（べきである）。ぼくに言わせれば、受け身の株主によって所有された従業員不在の企業など、時代遅れの恐竜だ。公正でフェア（公平）な従業員のオーナーシッププランのない企業が今後の10年を生き残り、繁栄できるとは思えない。

このことは、より小さく、起業家精神にあふれた企業の存在によって、よりプレッシャーがかかるはずだ。スミス&ホーケンでは、従業員持株制度があるが、非常に現実的な理由によるものだ。それは、ぼくをはじめとする経営陣が、上司としてはナマケモノだということ。経営責任は取るが、トップダウンで全社を自分の持ち物としてコントロールすることなんて、興味が湧かず、やる気がないのである。

社員全員がオーナー意識を持って仕事に打ち込めば、顧客への反応は打てば響くようになるはずだ。顧客に対して卑屈になることもない。顧客はそんなものを望んではいない。

顧客が欲しいのは責任ある行動であり、できるなら最初に接触した社員と最後まで話をしたい（途中で『担当者』にバトンを渡されたくなどない）。どんな社員であれ自分の意思で顧客に同情したり、言うことを聞いたりしたい。それをするための許可を得るために、「上の」上司とやりあったりしたくない。

「一人の顧客に時間を取られすぎるな」という言い草も無意味だ。なぜなら、すべての顧客は、一人ひとり特別なのだから。

また、サービスを、製造業のように生産性という指標で測定しようとしてもいけない。**利益は製品によって上げるべきであり、人によってではない。**

チャップリンの映画『モダンタイムス』よろしく、生産ラインの技術が小売現場に持ち込まれたとき……何台も連なるレジカウンター、レジ待ちの長蛇の列、マニュアル通りにしか話せない人間味のないレジ係、セルフサービス……、ぼくたちはこれも現代の進歩の証だと思ったものだ。小売現場に「マスプロダクション」（大量生産）の「マス」の概念を導入するためには、方針、システム、フロアレイアウトの標準化は避けて通れないものとされた。画一性は効率の鍵とされた。こうなるとトレードオフは明らかだ。顧客は、顧客ニーズを受け入れる店よりも、店の方針を受け入れるほうを選択せざるを得ない(!!)。

1970年代において、景気後退とそれに伴うインフレによって、大規模小売店市場における競争は激化した。結果、人員を削減し、代わりに人件費の最も安い従業員(子どもである)を雇用して、実質賃金の低下をもたらした。効率化は、人件費削減のための道具、たとえばバーコードなどによって達成された。結果、客とのやり取りにおける人間的要素が削減された。ここまでくると、この先に待っている「理想的な商売の世界」とは、機械同士の取引に思えてくる。顧客は機械のようであらねばならない。取引のプロセスに関与することは許されないのである。

脱・人間による効率性へとまっしぐらに向かう姿の裏に、一つの命題が見える。製品がひとたび作られたなら、人が加えることのできる価値はほんのわずかしかない、ということだ。

キャッシュレジスターの前に立って電源を入れた後は、顧客とのやり取りからは抜けることが理想となった。大規模小売店やサービス業によって運営されているシステムは個人のニーズを否定し、特別なサービスを要求する人物は変人だし、要求しすぎとされる。顧客が「特別」じゃない土壌に「特別素晴らしい」ビジネスが生まれようもない。

スモールビジネスが面白いのは、この間違った命題が行き着いた結果を利点にしていることだ。スモールビジネスにとって、人抜きでは製品に価値が生まれようもない。

一部の大企業でもこの誤った潮流を否定している。たとえば、ノードストローム、フェデックス、L.L.ビーンなどだが、まだ数はわずかだ。この数の少なさからしても、「顧客が『特別』じゃない土壌に『特別素晴らしい』ビジネスが生まれようもない」法則は証明される。

◉顧客は末永い関係を築くことを望んでいる

現代のビジネスの世界で、ぼくたち顧客にとって大きなフラストレーションになるものの一つは、どんなに贔屓にしても、どんなに忠誠であっても、何も「いいこと」がないことだ。たとえば、チェーンストアで何年買い物をしても、あなたと店、そして店で働くスタッフ（きっとそのスタッフよりあなたのほうが店との付き合いは遥かに長いはずだ）との間に格別何かの関係が生まれるということはない。これは店の側からしても同じだ。

マクドナルドは、あなたが何度もビッグマックを買ったからといって、特別目をかけてくれるわけではない。もちろん、フランチャイズ店はあなたが明日もまた来店してくれることを望んでいるが、仮にあなたが行かなくても、誰かほかの人が行ってくれるだろう。そういうものだ。

しかし、一人の人間として見るなら、そのような「誰でもいいよ、誰でも同じ」という画一性にはどうしてもなじめないことも事実だ。たとえ食料品といったありふれた商品であったとしても、店やそこで働く人と関係を結びたいし、信頼関係も築きたいと思うのが人情だ。

販売の現場では、顧客は想像以上にデリケートだ。あなたが顧客をどう見ているかを敏感に感じ取っている。たとえばお金で顧客に報いるというのは、「買う」という行為によって顧客が満足を得るだろうという前提に立っている。しかし、顧客は本来、敬意であふれた顧客対応にお金を支払いたいと思っているのである。

とはいえ、ぼくはこの話をビジネス倫理の範疇とはとらえていない。むしろ、顧客への心遣いの表現の問題だと考える。ビジネスパーソンとして、あなたの前には2つの道がある。世間に広く流布されている、「ビジネスは顧客の横面を札束で張るものだ」というやり方を取るのか、それとも、「顧客と心の絆を結ぶ」のか。

ぼくが住んでいるのは小さな町だ。地元のバンク・オブ・アメリカに個人口座があり、給与口座として利用している。年間およそ200万ドルに上る。しかし、妻が小切手を現金化しようとすると、窓口担当者はいちいち手元のキーボードを叩き、モニタ画面で預金残高を確認する。銀行のマネジャーも、アシスタントマネジャーもいい人たちである。顔見知りだ。ところが、彼らも銀行組織の中に組み込まれた一員であり、そのことが彼らの人間としての品格を損なってしまっている。窓口の行員は低賃金で、簡単に転職してしまうので、顧客の顔を覚えるどころではない。仮に顧客と顔見知りになったとしても、組織のルールに縛り付けられてしまっている。そういったルールは繁華街のある大都市ならば意味あるかもしれないが、ぼくの住んでいるような小さな町では煩わしいだけだ。

銀行の通りを挟んで向かいにある食料品店は、正反対の対応をしてくれる。小切手を現金化するのは簡単（何も買わなくてもしてくれる）。初対面の店員であっても、誰もぼくに身分証明書の提出を求めたりしない。財布を忘れても、後払いでOKだ。この店は単位面積あたりの売上が全米平均の何倍もある。顧客のこの店に対する厚い忠誠心のおかげだ。

◉「正しくない」と感じたら、正そう

社員には、「自分が正しいと思うことをしていい」と、許可を与えるべきだ。同時に、責任も負ってもらう。

ノードストロームの販売員は、飛行機に間に合うように顧客を空港まで車で送っていった。このような行為は、従業員規定でカバーしきれるものではない。だから、突発的な事象とその

対処法を無理して作ろうとしても無理だ。

わが社は一言、次の言葉にまとめている。「正しいと感じられるようにしよう」。

正しいと感じられるフィーリングこそがすべてだ。なぜなら、顧客は製品と貨幣を交換するのみならず、フィーリング（気分）――それが良いものであれ、悪いものであれ――も一緒にお持ち帰りいただくのだから。

言うまでもないことだが、この方針を実行に移すためには社員を信頼していなければならない。信頼がなければ、あなたは自分の保身のために、事細かい承認手続きで社員をがんじがらめにしてしまうはずだ。しかし、そんなことをしてしまうと、ビジネスを守るどころか、社員の心をバラバラにしてしまうだろう。

⦿仕事はダブルチェックがあって初めて完了する

仕事の99パーセントにミスがないのなら、理屈の上では、同じ仕事を2回繰り返せば残り1パーセントのミスは10分の1に減らすことができることになる。仕事を2回もやるなんてコスト高になるし、たとえ減ったとしてもわずかなものだと思うかもしれない。しかし、ぼくはそうは思わない。

スミス＆ホーケンは一日あたり1000から2000の注文を処理する。それだけの量の業務に追われると、ミスがゼロ、ということはあり得ない。だからダブルチェックしてミスと闘う。もしぼくたちがミスを減らす努力をしなければ、顧客が代わりにやってくれる。その代わり、ぼくたちと違って顧客はミスを許さない。つまり、二度と注文はくれない、ということになる。

⊙アタマからシッポまで自分で責任を持って

こう書くと先のガイドラインと矛盾するようだが、違う。事例で話すとわかりやすいかもしれない。

ある顧客が電話をかけてきた。「フラワーマーカー（花の脇に挿して花の名前を表示する小さな札）に鉛筆がついてなかった」

顧客がそう言うのであれば、その通りなのだろう。この電話を受けた担当者はすぐさま倉庫に行き、鉛筆を取ると、封筒に入れ、顧客の住所を書き込む。ここまで誰の許可もいらない。必要であれば（というか、大切なことなので、常に必要なことなのだが）、担当者は顧客に先発完投で向き合う。一人の顧客に何人も何人もが重なり合ってその中でキャッチボールするようなことはしない。

スミス&ホーケンはフラットな組織であり、一人ひとりが幅広い視野を持ったスキルを使って職務を達成するように心がけているのである。業務をコマ切れにするタコツボ型組織を廃し、各人が全体観を持って仕事に臨んでいる。このやり方は「効率性」の逆かもしれないが、仕事はもっと面白くなっているはずだ。

⦿疑問に思ったら、聞こう

これもまた、前述と矛盾するように聞こえるかもしれない。こういう意味だ。

顧客の言っていることがよくわからなかったら、わかったふりはしない。顧客からはこちらが戸惑うような質問が次々に投げかけられてくる。すべてに対して答えようとはしているが、質問されたとき、すぐに理解できなかったとしてもOKだ。

さらに、疑問のないときに質問することはより微妙なニュアンスが要求される。ぼくたちは学びを基礎に置いた会社なのであり、であるならば、質問する精神が身体の底になければならない。人は本来、ヒエラルキー（階層性）を望んだりはしないものだ。力を合わせて事にあたる雰囲気のもとで働きたいはず。誰かある特定の人が世界で最も偉大なエキスパートで、その人の保有する有益な情報が必要な場合のみ提供される、といったスタイルとは無縁である。

もし何の疑問も持たないとすれば、自分自身に疑問を持ったほうがいい。

◉失敗は失敗ではない。会社を改善するチャンスなのだ

チャンスは絶え間ない変化、不確定要素、あるいは混乱の中にさえ、生まれる。ビジネスを創業し、育てていく中で、さらにはある一定の規模まで成長し、安定した後にもこのことは銘記しておくべきである。

失敗とは通常、予測していたことが予測通りにならなかったときに生まれる。そして、不測の事態とは、認識と現実の間のギャップのことだ。不測の事態こそが現実への最高のとっかかりである。なぜなら、それはあなたのビジネスにとって「うまくいかなかった」ことであり、うまくいかなかった代わりに、現実に何が起こったのかを知る手がかりになるからだ。

多くのビジネスはうまくいっていることを吹聴し、うまくいかないことを例外と考える。世にあふれるビジネス書も同様で、大成功物語を理想として描く。**しかし、現実のビジネスにおける失敗はそれがあなた自身のものであれ、誰か他人のものであれ、製品改良、コスト削減、新しいアイデア、そして、より素晴らしい顧客サービスへと導いてくれるものだ。**

スミス&ホーケンの出荷部門では「ノーマル」なミスの発生比率の目標を立てた。すなわち、配送間違いあるいは数量間違いが1パーセント。1パーセントは大きな数字に聞こえるかもしれないが、業界では標準だ。ただし、「ノーマル」とはいえ、それをぼくたちが甘んじて受け

入れているわけではない。改善用に、クッキーを入れる広口の瓶を用意した。失敗を新しいやり方へと生かすためだ。

何か一つ出荷ミスがあると、修正するのに10ドルかかる。プラス、目に見えない間接費や失敗したことに起因する失注も加わる。10ドルの1パーセントは10セントだ。そこで、ぼくたちは、注文が入るたびに、10セントをクッキー瓶へ入れるようにした。そして、失敗を一つするたびに、瓶から10ドルを取り出した。仮に現在のミス発生比率1パーセントを改善することができたなら、瓶の中にお金が残るはずだ。そして、残ったらそのお金を配送担当者の間で山分けするのである。

配送担当者は長くいない。転職率が高い職種だ。だから彼らの多くは、会社が用意している利益配当プランに参加しようとはしない。そこで短期間就労する配送担当者のために代わりとなる何らかの仕組みが必要だった。クッキー瓶が威力を発揮した。配送担当者は何であれ、改善の効果が出たらその恩恵に預かることができた。結果、ミス発生比率はほぼ即座に1パーセントの5分の1になった。80パーセントの改善だ。

とはいえ、これで終わりとは思っていない。まだまだミスを減らす努力は続けていくつもりだ。

そして最後、サービスにとって最も重要な点を述べよう。

良質の製品なくして良質のサービスはあり得ない。わが社の返品ルールはシンプルだ。「お客様にご満足いただけない場合は理由の如何(いかん)を問わず、あるいは理由がない場合でも、いつでも返品に応じます。スミス&ホーケン製品を送り返していただけば交換に応じますし、ご希望であれば全額払い戻しもいたします」

自社製品を最高品質にすることが、最も費用のかからないやり方である。製品交換に費用がかかって仕方がないというのであれば、それは店じまいの時期なのだ。制限なしの返品ルールやけちくさい態度の奥底深くには現実が横たわっている。それらの会社の製品は決して良いものではない、という現実が。

次に、顧客について考えてみよう。顧客にどんな義務があり、どんな負うべき負担があるだろうか。良い会社には、良い顧客が必要である。良い顧客は敏感だ。張りめぐらしたアンテナをもとに、会社へ語りかけ、手紙を書き、批評し、そして、褒めてくれる。経済は、世界で最も民主的といえるが、それも顧客の参加あってのことだ。良質の顧客からのフィードバックがなければ、ビジネスは失敗してしまう。顧客の声のおかげで、顧客の立場に立ち、どんな顧客が理想かを考えるきっかけになる。そしてあなたは、その理想の顧客を惹きつけられるような新しいビジネスを創造するために、また仕事へ戻るのだ。

以下は、良い顧客になるためのアドバイスだ。

1 文句を言おう。あなたが言わずして、ほかの誰が言うというのだ？　1分しかかからない。あなたは気分一新できるし、相手の会社は利益を得るのだ。

2 褒めよう。褒めるのは批判することと同じくらい重要だ。創造的かつ建設的な仕事に報いることで、ビジネスに拍車がかかる。

3 はっきり話そう。あなたは自分のしてほしいことがわかっているかもしれないが、相手（会社）はわからない。何をしてほしいのか、シンプルに、明晰に。

4 スピードあるサービスを求めよう。現代において、スローなサービスなどあり得ない。テクノロジーは、注文や問題に対して24時間対応を可能にしている。スピード・サービスのできないような会社を信用するのはやめよう。

5 あなた自身もスピードを信条としよう。何か不都合が起こったら、即座に噛みつこう。4か月も待ってはならない。時を失すれば、相手の会社にあなたの言うことを信じてもらうことが難しくなる。

6 優しくしよう。会社の誰かとつながったら、受話器の向こうにもあなたと同じ生身の人間がいることを思い出そう。あなたの手助けをすることが楽しいものになるようにしよう。逆の場合を考えてみよう。相手の気持ちは。

7 粘り強くいこう。最初の相手が話を受け入れてくれない場合がある。必要なら、上司を順繰りに上がっていこう。組織のトップは下界で何が起こっているか、まるでご存じないものだ。

顧客サービスについて雑誌に記事を書いたことがある。その記事に続けて、「良い顧客になること」につき、もう一つ短い記事を書いた。最初の記事は人気が高く、転載希望がひきもきらなかった。ぼくは勇気づけられた。しかし、一方、後のほうの短い記事に対する反応のなさよ。むしろこちらに、より興味を惹きつけられた。一度も転載希望がなかったのである。ぼくの意図がちゃんと伝わってない。世に良いサービスというものは良質の、時に痛いフィードバックなり批評なりがあってこそ生まれるのだ。

第10章

良い仲間で良い会社を作ろう[※32]

In Good Company

農場で働いていたとき、家畜の群れを管理していた。放牧地を管理した。友人は家畜小屋を管理した。この経験もあって、ぼくは誰かが「人を管理する（managing people）」と言うのを耳にするとくすぐったくなるし、胸がざらつくんだ。

人を管理するなんて、できない。そうではなくて、「共に働く」と言おう。ビジネスを成功に導くためには、人に対して手厚い心遣いをすることが必須だ。ルーティンの退屈な業務や、どうしてもやらなければならない義務仕事、などととらえてはいけない。まさに人に対するケアこそが、ビジネスをすることへの最も大きな報酬なのである。しかし、大企業であれ、スモールビジネスであれ、みな、この点、失格だ。

正直なホンネのところでは、働いている人の大半は自分の職務、仕事、さらには経営陣と自分との関係に満足していない。起業しようとする人の多くが胸に秘める強い動機の一つは、ビジネスに魅力を感じるからではなく、現在自分が携わっている息の詰まる仕事から逃れたい、という思いだ。ビジネスパーソンとして、働いていて気持ちの良い雰囲気を作りたい、という欲求は自然なことなのだ。

太古の眠りを貪っているかのような企業でも、ようやくこの流れには気づき始めたらしく、社員の独立精神を奨励している。しかし、その後がいけない。官僚機構の中に新しい研修プログラムをインストールすることで問題の解決を図ろうとするのだが、このやり方はうまくいったとしても「まずいやり方」だし、最悪の場合は自分で自分の首を締めることになりかねない。

大企業で人気なのは「組織開発」プログラムだ。これは組織のカルチャーを一種の洗脳に近い方法で作り変えようとする、やる気満々のもの。

いい例がパシフィック・ベル（パックベル）だ。同社はAT&Tから飛び出した、ベビー・ベルと呼ばれる企業群のうちの一つである。パックベルは、年間推定6000万ドルを研修プログラムに使っている。さる社員がこの研修のことを「脳のドレス・コードを教え込むものだ」と呼んでいた。

数千人もの社員が、2日間のセミナーに放り込まれる。セミナーでは究極のビジョン（目標）、目の前に広がる道（計画）、そして協力（合意）について学ぶ。「リーダーシップ開発」というお題目のもとに一つのパッケージになっている（世界史を見渡しても、セミナーから真のリーダーが生まれたことはないと言っても過言ではない。同時に、リーダーから生まれ出たセミナーも、これまた一つもないと言えよう）。

セミナーの内容は、ざっとこういうものだ。社員は行動に関するさまざまな価値基準を学ぶ。いかにして「エクセレントな基準」へと到達するか。しかも基準はどんどん増えていく。個人として、またチームとして、それら目標とする基準に一歩でも近づくため、自らの業務を改善する。そして、改善するためには自分で裁量できる余地を発見し、活用しなければならない。それがひいては社員が「組織に貢献できるためのスペース」の確保につながる。

ここで、エスプリの研修プログラムと比較してみよう。同社は年商8億ドルのアパレル会社であり、ダゥ・トンプキンスとスージー・トンプキンス夫妻によって創業された。

エスプリでは社員は語学、カヤック、エアロビクスのクラスを無料で受けられる。ランチには補助金が出る。カルチャー方面のイベントのチケットの半額が会社から支給される。

エスプリにおいては、とびきりの創造的な環境が育まれ、奨励される。ここではあえて社員に向けて、たとえばパシフィック・ベルで唱えられている次のようなお経を強制する必要などない。「創造性は鍵となる資産であり、社員個々人ならびに各チームにおいてはこれを希求されたたし。創造性は常に高めていくべき業績を常に高めていくべき基準と共にこれを達成されたたし。社員個々人ならびに各チームにおいては自由を求め創造的であらんと願うことを希望する。そして本件は社員個々人ならびに各チームに明確かつ明瞭に理解把握せられ、ビジネス目的のもとにこれを受容されたものと理解する」※33

こんな呪文で人のハートに火がつくだろうか？

皮肉なのは、この研修プログラムが、1984年に行われたAT&Tからのパックベル社誕生に端を発していることだ。[※34]

規制に守られた時代であれば正常に機能した「四角四面の社内ルールに基づいた組織運営」が、規制緩和の時代ではもっとオープンな組織カルチャーでなければ潮の流れについていけない。その動機や良し。しかし、パックベルのやり方は変化を目的とした不変化とでも呼ぶべき自己矛盾を起こしてしまっている。「マネジメント研修」「組織開発」「リーダーシップ養成」……いずれも同じ穴のムジナだ。メニューは変われど、中身は同じ。意味がない。

いいかい。人は人として扱われたいし、扱われるべきなんだ。パックベル・タイプのプログラムは、また新たな組織内方言と、わけのわからない官僚言葉を増やすだけのことだ。ビジネスパーソンなら、生きた事例で人にものを教え、育成するべきだ。

大企業が間違った意思決定の山のおかげで自らの組織をフラットにしたとき、組織内方言では目の前に襲いかかってくる問題に対処などできはしない。また、お金を出して誰か外部の人間を雇って解決、などということもできない。

お金で創造性を買うことなどできはしない。無理してやったとしても、逆に創造性を窒息させるはずだ。76億ドル企業のパックベルは研修プログラムに投じた巨額の費用を、第一線の社員の再トレーニングに役立ったと正当化している。にもかかわらず、その効果はわずか2、3パーセントの生産性向上をもたらしたにすぎない。

パックベルが、もっと小さい会社、スプリングフィールド・リマニュファクチャリング・センター（以下SRC、第7章参照）のやり方を取ったとしたらどうだろう。SRCでは社員にシンプルだが魅力的な質問を一つするだけだ。「どんな会社で働きたい？」あるいは、次の質問をコンサルタントなどにではなく、社員へ直にぶつけてみるほうがもっといいかもしれない。「パックベルをより良い会社にするにはどうすればいいだろう？」

あなたの会社は6000万ドルもの大金をリーダーシップ開発に充てる気になどならないだろう。また、会社が小さいサイズなんだから、社員を官僚や役員として扱うなどという気にもならないはずだ。働く人たちと近ければ近いほど、ペーパーワークや顔を見ないままのやり取りは少ないはずだし、社内の人間関係を鋳型に嵌めるようなことをしたいとは思わないはず。官僚主義は多くは大企業に見られるが、かといって小さい企業にはないかというと、そうでもない。社員が7人でも、まるで郵便局のような会社をぼくは知っている。

1985年、ニューハウス・ニュースペーパー・チェーンが雑誌『ニューヨーカー』を買収した。2年も経たないうちに、新しい社主はウィリアム・ショーンをクビにした。ショーンは尊敬に値する、伝説のエディター（編集責任者）だ。社主は彼を解雇するにあたり、スタッフにもライターにも何の相談もしなかった。

『ニューヨーカー』62年の歴史の中で、エディターはわずかに二人。一人は創業者ハロルド・ロス、そしてもう一人がショーンなのだ。ニューハウスが買収に要した費用1億4600万ドルに見合ったリターンが欲しいのは明らかだが、しかし、ショーンをお払い箱にするにあたって事前通告も猶予期間も与えてないやり方は、それまでの歴史の中で培われてきた良き伝統をぶち壊しにしてしまった。いいライターの何人かは辞めてしまう結果となった。

この、ニューハウスのやったような暴挙は現在、米国のビジネス界で日常茶飯事になっている。と同時に、ビジネス自身を揺さぶり、傷つけてしまっているのである。

社員を解雇する際に、「fire」と、「火をつける」意味の動詞が使われる。語源は中世の村八分の方法だ。ヨーロッパ、あるいは中国の村で、その共同体で村八分にしたい家があるとする。村人たちはその家に火をつけ（fire）、家の中にある財産もろとも全部焼き払ってしまう。これが村八分の方法だった。

現在誰か社員を解雇する際にこの言葉「fire」が使われるようになったのは残念なことであるが、一方、ぴったりくる表現といえる。

「クビ」は経営者の失策以外の何ものでもない。関係者みんなが不幸になる。シンプルだが、クビの本質は、それだ。

人をクビにしなくて済む最良の方法は、良い採用をすることだ。**採用こそが、あらゆるビジネスで最も重要な活動である。**このことは、あなたも肝に銘じてほしい。採用の良し悪しが、ビジネスの成功に大きな違いをもたらすはずだ。

ぼくに言わせれば、ビジネスで発生する問題の半分は経営者の認識、態度、実行に原因がある。そして、残りの半分は人の採用が原因だ。不動産にまつわる言い伝えがピタリくる。「ビルを買ったとき、お金を手にしたと思いなさい。売ったときではないよ」。

採用はアートだ。昨今、法律や裁判の判例では社員に対して、経営者との関係においてより多くの権利を認められているが、これは必要かつ意義深いことだ。しかしながら、この傾向は同時に、雇用主と、これから社員になるかもしれない社員候補、あるいは現社員との間を、よりデリケートで複雑な関係にしている。だからこそ、採用が従来にもまして重要になってきているのである。

特別な状況以外には、雇用主のあなたはもう次のような質問をできない。年齢、既婚未婚、出生地、前科、子どもの有無。仮に本人が前科なしと偽っていたのが後でわかったとしても、解雇したり雇用を拒否できない。米国の連邦法ではそのようになっているのである。社員を解雇する場合、最近の判例によれば、たとえ雇用主にとってきわめて正当な解雇理由であったとしても、訴訟される可能性が高まっている。

例を挙げよう。社員が悪質な行動を取った。しかし、社員規則に解雇方法についての明確な記載がないときは、クビにできない。

対抗措置として、多くの企業が採用プロセスを判例や法律に則ったガイドラインで管理し、さまざまなケースを予測・対応できるようにした。一方、そのおかげで採用がきわめて退屈なものになったのだが。しかし、現実のところ、あなたが一人の人間として考えたとき、望ましい人の資質というものは、先に挙げたような「ご法度の質問群」などとは何ら関係ないはずだ。差別は無用だが、しかし、識別は必須だ。

いい採用をすれば、セミナーでアタマを切り替える必要などない人が来てくれるはず。そして、そういう人たちをクビにする必要もない。以下、一緒に働いてくれるいい仲間を見つけるためのヒントを挙げよう。

ヒントその1：人物の人となりを見て採用しよう。ポジション（肩書）ではなく

スミス&ホーケンの採用でぼくたちが重視するのは、応募者のハートだ。いい人物だろうか。社内の仲間を好きになって、一緒に働きたいと思ってくれるだろうか。顧客を好きになり、必要なアシストをしてくれるだろうか。ぼくたちの求める仕事のクオリティに応えてくれる人物だろうか。

応募者がこれまでどの会社で働いていたとか、何をやり、何ができなかったとかいう業務履歴より、その人物そのものに、より興味がある。

「成功する」人は自分の進むべき道をしっかり見据え、社内の地位にとらわれず、他人に惑わされることなく目的を達成した人、とはよく言われることである。しかし、リー・アイアコッカを見てみよう。アイアコッカはたしかにクライスラーを救ったが、しかし、彼ほど強烈なエゴと自分中心のものの考え方では、おそらくうまくいっている企業では採用されないはずだ。

もし社員みんなが自信にあふれ、目標以上の目標達成に燃えまくる人ばかりだったら、経営

者であるあなたは彼らのマグマのようなエゴをなだめすかすことで手一杯になってしまうはずだ。攻撃的なエゴイストと受け身なイエスマン、この両極端の中間にいる人々。彼らこそが、同僚とうまく仕事をやっていく資質を身につけているのである。ここで重要な鍵は、「同僚と」という点だ。**成功する企業は個人行動の総和ではなく、社員個々人の相互作用がもたらすのだから。**

スミス&ホーケンの採用にあたって、ぼくたちはよく、伝統的企業でうまくやっていけなかった人を探すようにしている。彼らが伝統的組織に順応(フィット)しなかったのには、それなりの理由があるはずだ（パシフィック・ベルの事例を思い出していただきたい）。官僚的なヒエラルキーに我慢できないという資質は、雇用のために自分を否定する習慣を持たないことを意味する。彼らは現今のビジネス世界における「はみだしっ子」で、人間らしさや自分自身を表現できる職業や企業を見つけられなかったわけだ。

しかし、こういう「はみだしっ子」たちは世にあふれている。感受性が豊かで、ものの見方が優れている。ただ、このような資質は人間なら本来誰しも持っているものなのだが、ビジネス界ではあまりにも無視されてしまっている。一見静かで、自分の存在を目立たなくさせているように見えても、彼らは驚くべき社員になる可能性がある。彼らは遅咲きなだけで、適切な環境を与えれば、間違いなく会社への忠誠心や高い精神、そして生産性を発揮して驚かせてくれるはずだ（時には自分たち自身も驚くほど）。

スミス&ホーケンの配送センター長は、前職は木工職人だった。その前は消防士をやっていた。彼は通りを突っ切って会社にやって来て、普通の棚と道具用の棚を作ってくれた。そして仕事はないか、と聞いたんだ。いまや彼は50人を指導し、2エーカー（約2500坪）の倉庫をマネジメントしている（包装、品質管理、配送）。彼にこれらの仕事の経験があったわけではない。

ぼくは、うちで働く9割の人が、現在の仕事とはまったく違う職業体験を持っていると見ている。専門家はいない。しかし良質のやる気、失敗への寛容、学びをサポートする精神にあふれている。

ヒントその2：あなたが見上げることのできる人を雇おう

「自分より下」とか、自分より劣っていると思う人は決して雇ってはいけない。社員はあなたがどう考えているかわかるものだ。人は自分がどう思われているか、どんなに相手が否定しようと、うまく取り繕おうと敏感に感じ取るものなのだから。

社員はあなたと寸分たがわぬ分身であるべきだ。あなた、あなたの採用した社員、その社員の採用した社員が、職場環境を作る。あなたは創業者、管理職、社長として、さて、どんな人と一緒に働きたいだろう。自分が優位に立てたり、こいつならこき使えるだろうと思う人を採用するというのは、自分で自分のクビを締めるのと同じことだ。

ぼくたちの多くは誤った自己評価をしているものだ。なのに、周囲を自分より劣っている（と思う）人で囲ったらどういうことが起こるか。とんでもなく低い自己評価の集合体をもたらすに決まっているのである。しかし、スモールビジネスでは往々にしてありがちなことだ。

社員は「上から見下される」扱いを受ける。仮にあなたの心の中に聖人がいたとしても、ビジネスになると別だ。そう、ぼくもあなたも長所と一緒に欠点も持ち合わせている普通の人間。だからこそ、一緒に働く仲間への敬意を、意識的に持ち続けなければならないのである。

創業者であり、経営者のあなたは生活の大半を職場で過ごすことになるだろう。だったらそこで暮らしたいと思う社会を築こう。人間同士の絆やつながりは目に見えず、測定できず、まして分析など不可能だ。しかし、ビジネスのハートに浸透し、織物のように絡み合う、共に働く仲間は最も近い社会だ。仲間の質、問題意識、価値こそがあなたの環境を構成する。

自分を囲む社会をより良くしようと思うなら、でき得る限りベストな人を雇うほかない。社員があなたを崇め奉る必要などない。もしあなたがそう思っているとすれば、子どもっぽい願いだ。あなたこそが、社員を立派だと敬服できなければならない。

ヒントその3：プロに任せない

採用したりされたりすることは、非常にビジネスライクな「プロの」仕事になってしまった。大企業は人事担当マネジャーを雇っている。彼らは雑誌を読み、セミナーやワークショップに顔を出し、大きなコンベンション（会議）に参加する。テーマは人の採用について。

続いて何をするかというと、人材サービスやカウンセラーを雇う。彼らはビデオで模擬インタビューをし、面接時の服装についてアドバイスしてくれる。彼ら「プロフェッショナル」たちのおかげで、人の採用や求職活動が本来の姿を失い、堕落してしまった。無味乾燥でビジネスライクなものになった。

せめて多少なりともリアリティを保つために、次のことをしてみてはどうだろう。面接応募者を自社の顧客だと思ってみるのである。

「人事採用プロセス」などという、温もりの感じられない方法はやめてみないか。応募者を会社の中に溶け込ませてみる。社内の異なる複数の人で面接しよう。そして社内ソフトボール大会や会議に出席させてみる。リラックスさせる。そして、彼らには「採用してもらうための媚びへつらいをする必要などない、逆に批判してほしい」と言おう。

より大きな企業で人材を探す場合は、経営者であるあなたをサポートしてくれる人事担当マネジャーに任せることになるだろう。ただ、忘れてならないのは、実際の採用活動は、その新人と一緒に働くことになる社員にさせることだ。人事部の機能は以下に限定するべきだ。各部署のサポート、支援、社内の士気を高めること、社員の声のヒアリング、ソフトボール大会の企画・運営、エイプリルフール・ジョークのリーダー。

新人にとって何より重要なのは、満足した先輩社員だ。最高の人材が働きたくなる職場を作ろう。そうすれば、友人、仲間、社員の親戚などが大挙して応募してくるようになる。リクルートの方法としてはベストだ。

ただし、ここで一言注意しておこう。社員の友人を採用するのはありがちな話だが、あなた自身の友人の場合は十分考えることだ。

人の雇用は新しい関係の始まりを意味する。それは、クリーンで、まっすぐ、何のバイアスもない関係であることが望ましい。あなたの友人が入社したとする。社長の友人ということで優位な立場にいると考えるかもしれない。その態度は社内に悪い影響をもたらすはずだ。

あるいは逆に、あなたとの古い友情を損なうことを怖れ、必要な批判をしなくなるかもしれない。もちろん、これも悪影響となる。社員にとって新しい職場は新しい世界であり、旧世界から持ち込む荷物は少なければ少ないほどいい。

友人を採用することは、友情を深めるかもしれない。あるいは、損なうかもしれない。あるいは、修復できないくらい粉々にしてしまうかもしれない。大切なポイントは、その友人を採用することがビジネスを助けることになるのか、それとも傷つけることになるのか、だ。採用というものをウェットで感情的に考えるのではなく、すっきりしたクリーンなアタマで考えよう。

最終的にはあなたが自分に合ったやり方で行うことになるだろうが、あくまでも自分自身が前に出て、責任を持ってやろう。決して違法なことをしてはいけない。そして、透明で機械的な業務にしたりしてはいけない。採用は経営全体を決める鍵、重要な仕事なのだ。人と人との濃密なやり取りを経て、共に働く仲間を見つけよう。法律は個人を保護するためにある。しかし、だからといって、採用活動を無味乾燥な、人間味のないものにするためにあるとは、ぼくは決して思わない。

ヒントその4：ハイブリッド・パワーを創り出そう※35

植物や動物が混血すると、時に「ハイブリッド（雑種の）・パワー」というものが生まれることがある。混血する種それぞれよりも優れた特性を持ち始めるのだ。だから植物や動物のブリーダーたちは、このハイブリッド・パワーを求める。賢明な経営者も同じく。

スミス&ホーケンでは、前職時代にある一つの分野で良い実績を残した人を採用する。そして、採用後、まったく畑違いの部門に配属するのだ。はじめのうちこそ、この人事配置は新人が新しいスキルと専門性を要求されるので活躍できないのではないか、そしてこのことがわが社にとってハンディになるのではないかと思った。杞憂だった。その人物が本当に優秀であれば（前職の活躍でわかるように）、そして新しい職務が本人の能力に合うのであれば、急角度の学習曲線を描く。そう、異分野など関係なく成長し、結果を出してくれるのである。

彼（または彼女）は、業界常識にとらわれない素直な心で物事を見て、間違いを発見する。新しい情報をもりもり食し、アドバイスやサポートは平らな心で歓迎する。「知らないこと」を認めることを忘れない。なぜなら文字通り新人なのだから。すべてをわかっているなどとは誰も期待しない。大切なのは、学ぶ意欲だ。

そのような新人は「確認」ではなく「改革」する。彼らのいい意味でのものの知らなさは、新しいアイデアやその道何年という「プロ」では見逃してしまう方法を発見してくれる。これが社員におけるハイブリッド・パワーだ。

クリス・マクヴィットはロスト・アローのゼネラル・マネジャーだ。同社はパタゴニアとイヴォン・シュイナード・カンパニーの親会社だ。シュイナード（パタゴニア創業者）は、クリスのことを自分の「防弾ザイル」と呼ぶ（「防弾ザイル」とは、登山用語で、丈夫なロープを指す。転じて、世界で最も強力なサポーター）。クリスはもともと1972年、パタゴニアで配送部門のアシスタント・パッカー（荷造り担当）として働いていた。その後、同社の鍛冶（かじ）と登山道具研削以外のあらゆる仕事を経験している。

スミス&ホーケンのデータプロセス部門の責任者は元カトリック神学校の生徒、これまでの人生で一度も就職したことのない人物だ。そして、この仕事に就くまでコンピュータに触れたことさえなかった。しかしながら、彼は腕利きのピアニストであり、作曲家。ぼくは彼がソフトウェアとプログラミングに音楽で見せる天才ぶりを発揮してくれるはずと思った。期待通りだった。

友人の一人は、出会った10年前、学校の先生だった。たまたま何かの会議で一緒になった。彼女が大企業のCEO数百人によって構成される全国的なカンファレンスを組織していることを知った。それは大変な仕事じゃないか。彼女は笑って答えた。

「大企業のおじさまたちをあやすのは、就学前の子どもたちに比べればお茶の子さいさいよ」

彼女にその仕事を依頼した人は、ハイブリッド・パワーの本質を理解している。

ハイブリッド・パワーの対極にあるのは、純血だ。また、「土地勘のある知識にこだわった」純血も、ビジネスにおいて危険だ。

その分野について詳しいことを買われて転職した人は、新しい仕事で何か知らないことが出てきても、自分の無知を認めにくい。ところが、いくら詳しくても、全部を知っていることなどそもそも不可能なのである。会社はみんな、違うオペレーションで動いているのだから。

「専門家」の新人は、意思決定のすべてに自分のプライドが張り付く。ベテランのマーケットアナリストを雇ったとする。これまでの経験を生かして分析するだろう。では、彼の報告書に書かれた「真実」通りにマーケットが動いたら、彼は満足するのだろうか。そもそもマーケットはそんな都合よくは動かないものだ。

あなたがスモールビジネスの経営者としてスタートしたときのことを考えてみよう。あなたは業界のことすべてを知り尽くしていたはずはないし、控えめに言って「多く」知ってもいなかったはずだ。それでも問題はなかった。あなたは自分の能力を知っていたし、もっと重要な、適応能力について自信があったはずだ。そう、あなたは創業時からハイブリッド・パワーを活用していたのである。その魂を維持し続け、採用でも生かそう。成長の源になるはずだ。

良い人を採用したら、会社に残ってもらわなければならない。いい人を採ったはいいが、半年もすると次の仕事探しに奔走したくなるような扱いをしてはいけない。

良い人をつなぎとめる最良の方法は、組織内のアタマからシッポまで、すべてにハイブリッド・パワーの染み込んだ環境をつくることだ。オペレーションのすべての局面で、人が生き生きとアクティブに活動するようにしよう。できる限りたくさんの異なる責任を与えよう。**「責**

任を負う」ということは参加することであり、ビジネスの「大きな夢」への参画意識は社員の成長を促し、生産性を高める鍵となる要素だ。

日本企業は社員を一つのポジションに長年据え置くことはしない。優秀ならなおさらだ。組織内をぐるりと動き、多様な責任を負う経験を積む。こうして価値の高い社員ができあがるのであり、会社が異なる要素の連結によってできていることを身体で知るのである。スミス&ホーケンでは正社員を配置転換で鍛える。全員少なくともコンピュータを使えなければならないし、電話注文を取る。顧客サービスの回答もする。ある社員が長く同じ部署にいるようなら、異動リストに加える。

社員の成長速度より速く会社が成長してはいけない

スピード成長には二つの大きな障害がある。一つはお金の問題。通常、運転資金のショートという形で現れる。

そしてもう一つは見過ごされがちだが、あまりに急速な成長は、そこで働く社員が消化できなくなる。キャパを超えてしまうのだ。社員はオーバーワークとなり、ゆっくりとではあるが、「引き」気味になってしまう。本人は無意識にしていることだが、そうすることによって、心の平衡を保とうとするのである。実力以上の資金を手に入れたときと同じように、社員の実力を超えて成長すると、彼らが学び、成長することが間に合わなくなる。

これを防ぐ方法は、アメリカ企業ではほとんどなされていないことではあるが、次のように社員にアプローチしてみよう。

社員と席を共にし、翌年のビジネスの成長度合いについての自分の考えと、その成長が社内各部署や業務に及ぼす影響についてじっくり説明するのである。急速な採用とトレーニングにオペレーションがついていけるかどうか、社員の考えを聞くのだ。とどのつまり、この急速な成長に社員が賛成なのか反対かを知ることになる。多くの企業のように事後に聞くのではなく、経営計画の段階から参画できることを社員は歓迎するはずだ。

ココラ（第2章を参照）のアリス・メドリッヒは、この教訓を痛い思いをして学んだ。アリスのケーキとお菓子のビジネス（カリフォルニア州バークレイ）は１９８０年初頭、急速に成長した。急速な成長に伴い、キャッシュ・フローが目詰まりを起こしたため、給与の遅配が発生した。ところが、アリスは遅配の理由について社員へ説明しなかった。社員は組合を組織し、1週間のストライキを決行した。そしてそのうちの多くが（いずれもアリスの友人たちである）会社を去った。

教訓。いま何が起こっていて、それはなぜか。社員全員に知らしめよう。

さらに、社員は経営者よりも、急速な成長によって引き起こされた問題に近いところにいる。どこに無理が生じ、どこに弱点があるかを間近で見る。感じる。そして、会社として、「そこを突かれると痛い」箇所を知る。ビジネスが急速に成長しているとき、最も留意しなければならないポイントだ。

ビジネスの高速成長の中にある潜在的問題と聞くと、ぼくは、ポール・エーリックの書いた『人口が爆発する！』（新曜社刊）で描かれていたメタファー（隠喩）を思い出す。エーリックは架空の湖を事例に挙げる。草原から湖に流れ込む大量の窒素によって水中の植物の成長は速い。湖中のヒアシンスは24時間で倍の大きさになる。さて、その植物が同じ速度で成長し続けると仮定すると、湖は30日で植物が充満し、そして、死に至る。しかし、死のわずか1日前、湖は50パーセント、つまり半分は空いていたのである。

企業が飛躍的に成長するときは、この、29日目の湖と同じだ。問題は命取りになるまで明るみに出ない。成長のウキウキした気分が社員の士気、経営計画、製造、マーケティングに生じている問題を隠してしまうのである。

ぼくの経験で言うと、ビジネスが病に陥ってしまう原因はほかの何より、急速な成長のときが圧倒的に多い。普通ではないストレス、歪んだ判断、そして、ざくざく入金されているにもかかわらず、財務面の危機が促進されてしまうのだ。これは会社を粉々にしかねない。社員にぴったりと寄り添おう。社員こそが、会社の分に合った成長のやり方や速度を熟知している。彼らの声に耳を傾けよう。

「5-15」レポート

これはパタゴニアで開発された方法だ。「5-15レポート」という由来は、書くのに15分、読むのに5分以上はかからないから。手書きであろうとタイプされていようと、毎週金曜日には社員のほぼ全員から提出される。

レポート第一部では、先週その社員が何をしたか報告する。毎週書くことで、書く能力が磨かれ、より詳しい内容になっていることに自分で気づく。自分の仕事を記述することが上達せず、退屈で反復が多くなってきたら、危険信号だ。配置転換か、よりチャレンジングな課題、あるいはその両方が求められているのだ。

5－15レポートの第二部は社員の士気についての率直な記述だ。自分の所属部門について書く。

第三部は自分の仕事、部門、会社の改善アイデアを一つ書く。週に一つのアイデアだが、年に換算すると52件になる。

シュイナードのこの5－15レポートのアイデアは、エスプリのダゥ・トンプキンスも採用している。シュイナードもトンプキンスも年中世界を飛び回っていて、会社にいるのは年間6か月足らずだ。5－15レポートはそんな彼らが会社と接触を続ける方法なのである（ダゥはこれをMBAスタイルと呼んでいる。その心は「Managing by Being Away」、いないままで経営する）。地球上どこにいようと、シュイナードとトンプキンスは毎週5－15レポートを受け取る。

彼らが手にするのは各部門長からのレポートだ（部門長は部員から受け取っている）。全員、読むレポートの数は24通以下なので、負荷がかかりすぎることはない。部門長たちは時にレポートを交換して読む。ダイレクトで、効果的で、継続的なコミュニケーションの源泉だ。このレポートが生むコミュニケーションが、会社の各部門を一枚の布のように織り成す効果を生んでいる。

スミス&ホーケンでも5－15レポートを使っている。わが社独自の不文律は、レポートで提案されたアイデア、ヒント、問題は、1週間以内に実行に移さなければならない、というものだ。それ以上先延ばしすると効果はなくなるし、士気も下がる。

以下は、スミス&ホーケンのバイヤー長から提出されたレポートだ。

今週私は秋カタログの仕事を引き続きやりました。アレンのために製品詳細を集め、ベンダー情報として提供しました。ビルと一緒に新しい外国アイテムにつき企画しました。アイテムのいくつかを外国に発注しました。アリスとカタログの改訂をチェックし、彼女に個人向けページを担当するよう指示しました。

アレンと一緒に注文方法をチェックしましたが、大きな不満が残りました。未入荷製品の注文はフローラルライフのほうが簡単です。

メキシコからのハンモックが行方不明になり、郵便局では追跡調査できない、と言われました。電話をかけ、追跡調査担当にやり方をアドバイスした結果、くだんのハンモックはオークランドの倉庫にあることがわかりました。気分悪かったです。

とはいえ、出荷方法に改善策はきっとあるはずなので、現在考えているところです。

士気は高いです（仕事の疲れの取れる速度と言ったら……自分でも驚くほどです）。新しいデスクを愛しています。なんだかすべてがいい方向へ行っているようで、これはルイスのおかげだと思います。大満足しています。

現在使っているワープロを新しいものに交換することを提案します。このままでは誰も使いたがりません。扱いにくいし、プリンタは音がうるさい。Ｍａｃと入れ替えるのはどうでしょう？

壊れものを探せ！

5-15レポートが役に立つことから、スミス&ホーケンはさらに次の施策を開発した。それは、「壊れものを探せ！（Go for Brokes）」という名前。毎年9月——一年の中で動きが最もゆるい月——に実施する（部門によっては6月に行う）毎年恒例の行事だ。「壊れものを探せ！」のある月には行事が代わりになるので、5-15レポートを提出しない決まりだ。

「壊れものを探せ！」レポートは、社内の全員が自分の部門をはじめとして、全社をくまなく見て、壊れて、修理を必要とするものを書く。その中には社員同士の関係も含む。これは全社規模の、「注意するべき」「変えるべき」「改善するべき」「チェックするべき」物事の棚卸しだ。最も長く、最もオリジナルで、最もユーモアにあふれ、そしてベストな考えを提出した人は、全額会社負担の旅行などの賞をもらえる。

初年度の「壊れものを探せ！」では、膨大なレポートを読み込むのに5か月かかった。いずれも社内の毛穴の汚れまで炙（あぶ）り出すような内容だった。多くの場合、修繕の必要だという箇所は問題発見者本人が直していた。

「壊れものを探せ!」はこれまで3回実施したが、この施策ほど、徹底的な社内改善に役立ったものはない。ちなみに最初のレポート提出後5か月の間に、ぼくたち経営陣は1000ページに及ぶ返事を社員に返している。

シジュウカラとコマドリ

鳥類学者アラン・C・ウィルソン教授の話だ。英国のミルク会社が牛乳瓶の蓋をアルミのシールに変更したとき、シジュウカラはすぐ、くちばしを突っ込めば瓶の中身にありつけることに気づいた。スコットランドの高原地方からコーンウェルに至るまで、シジュウカラは新しい食べ物のありかをすぐに見つけることができた。

一方コマドリは牛乳瓶のシールをどうやれば破ることができるのかわからない。おそらく今後も絶対無理だろう。なぜなら、コマドリは領地に非常にこだわる。自分の領地を築き、ほかのコマドリに侵犯されないよう守ることに腐心する。

シジュウカラは群れをなして移動し、領地というものを特に持たない。コミュニケーションに多くの時間を費やす。そう、彼らは学ぶのが速いのだ。

あなたの会社はコマドリ型になりたいとは思わないだろう。しかし、成熟した企業では往々にして起こり得る。理由は二つ。

一つは人の問題。たいていの会社では人員が過剰だ。多すぎる人数で仕事に群がっている。彼らは物静かに机に向かっているが、実のところ「ちょっと人、多すぎないか」と思っている。有効な人材活用がなされていないことに気づくや、人はどうするかというと、自分の領分の守りに入る。まるでコマドリよろしく、周囲に壁を作って領地を築くのである。

具体的な方法の一つは、情報を政治的に利用すること。すなわち、情報共有を不公平にする。この力が組織内に働いている場合、仮にあなたが必要な情報を適切な人に伝達しようとしても、決して報われないはずだ。最もあり得るのは、自分より下の人に情報を流さない。

対して、やや少なめの人員で動かしている組織では、こんなことは起こらない。人は互いに依存し合っているからだ。やるべき仕事があまりにも多く、人は進んで仕事と責任を分け合おうとするし、情報も当然ながら公平に共有する。助けてもらったら大いに感謝するし、助けてもらったはいいが後で報復されるのではないかなどと勘ぐったりしない。みんな自分のことで手一杯なのだ。「仕事なくてひま」ではなく、「爪先からアタマの先までしっかり活用」という体になる。一方の組織は退屈、他方は挑戦課題であふれている。

もちろん、人員を少なめにするとオーバーワークで燃え尽きないよう目を光らせなければならない。しかし、スモールビジネスで、現場のオペレーションにぴったりと張り付いていれば、自動的にバランスが取れるものだ。

コマドリ組織に陥ってしまう第二の理由は、社員はしばしば上司を真似するということだ。人は人に喜んでもらいたい思いを持っている。同じ目で上司を見る。どこかに上司を喜ばせることのできる行動のヒントがないか。創業社長は、このような態度や行動を誘発する社内空気をつくってしまいがちだ。

創業者がオープンで、みんなと共に何でも分かち合い、他人の言うことに耳を素直に傾けるタイプの人であれば、社員も同じように育つ。オープンさは本当に重要だ。情報が学びのツールとして役立つためには、社内を公平に流れるべきなのだ。情報の公平性を実現するためには社員がチーム制で仕事をし、経営者は現場に顔を出さなければならない。

経営者が雲の上の人で、情報を共有しないと、社員も同じようになる。情報は敵対するバリアで跳ね返される。チーム対抗、あるいは製造部門同士など、社内に敵対関係を作って競わせようというやり方をする経営者がいるが、やめたほうがいい。

この競争状態によって生まれる不安や心配をガソリンに、仕事に精を出させることはできるかもしれない。しかし、このやり方は「成長の種」を自ら壊してしまう結果になるだろう。すなわち、学び、他人と分かち合うという、人間本来が備えている最も重要な能力だ。政治的な情報流通の環境では情報そのものが少なくなるし、目詰まりを起こす。人は上司のために働き、会社のためには働かなくなる。

だからといって、ぼくはリーダー不要論を言っているのではない。コントロールの必要な場合には、上司という存在は、いる。時にはそういうこともあるだろう。しかし、概して、組織には「コントロール」など必要ないはず。代わりに必要なのは、細部への目配り、自由で正直なコミュニケーション、そして社員、同僚相互への信頼。

目の前の自分の職責に取り組みながらも、常に会社全体のためを考え、行動する。自ら発想し、自ら行動するコントロール（他律）不要の自律型社員なのである。

第11章

聖堂守

The Verger

本書の執筆にあたり難しかったのは、読者が事例をそのまま鵜呑みにし、なぞってしまわないよう配慮することだった。「お手本」として真似してください、そうすれば成功するよ、という教則本みたいな姿勢はぼくの意図から最も遠い。だからぼくは記述に熟慮を重ねたし、さまざまなビジネスの事例を可能な限り短くした。

紹介したエピソードの一つひとつは、いずれもそこから発想を発展させ、要点をつかみ、自分のビジネスへと応用してほしい。「模範解答」ではない。唯一お手本としてほしいのは、全体観ある経営の見方だ。あなた自身と会社、取引先、顧客、そして地域コミュニティ、それらをすべて統合して考えよう。ただひたすらシンプルにベストを尽くしていれば、世界はきっとあなたに手を差しのべてくれる。世の中、あまりにひどいビジネスが多すぎるのだから。

さて、本書もいよいよフィナーレだ。最後に一つ、とっておきのお話を紹介したい。サマセット・モームの短編『聖堂守』だ。感動的で、成功するビジネスの肝となる基本要素がぎゅっと詰まっている。ちなみに聖堂守とは英国国教会ヒエラルキーの下層にある役職だ。

聖堂守の名前はアルバート・エドワード・フォアマン。ロンドンの下町訛りがあり、人付き合いがうまく、頑固、自分に満足していて、非の打ち所のない性格だ。

アルバートのチャンスはトラブルから生まれた。そう、彼のビジネスは、やんごとない理由から誕生したのである。

彼はビジネスで成功したが、それは彼の正直さ、純真さからであり、ずるいことをしたからでは決してない。忍耐強い観察が成長の源であり、強欲からではない。ビジネスに対する満足はプロセスからで、ゼニカネの目標達成によるものではない。

要するに、聖堂守は自分のビジネスを成長させようとして方向転換や妥協をしなかった。彼のビジネスの成長と成功は結果であり、目的ではなかったのである。

物語冒頭。アルバートは16年このかたロンドンの教会で聖堂守として働いている。これが彼のビジネス界へと転身する前のキャリアだ。

洗礼式が終わった直後、新任の司教代理がアルバートを呼びつけた。日ごろの働きをねぎらった後、司教代理はこう切り出した。

「あなたは読み書きができないというでありませんか。驚きました。事の次第によっては、誰かほかの人に業務を分担してもらわねばならなくなります。これは私の立場上、見過ごすことはできません」

聖堂守はご指摘の通りだと言った。司教代理からは、3か月の猶予を与えるからその間に読み書きをマスターするように言われた。しかし、聖堂守は、自分はいまからそんな新しいことを覚えるには年を取りすぎていると考え、断った。すると聖堂守の驚くことに、クビになってしまった。慣例では、聖堂守という役職は生涯守られるはずだったのだが。

いまや失業者となったアルバートは家路についた。曲がり角を間違えた。そのときふいに、煙草を吸いたいと思った。アルバートにとっては煙草は疲れたときの数少ない楽しみだ。「ゴールド・フレーク」が好みの銘柄だった。しかし、歩けどもその長い通りには煙草屋が一軒もなかった。とうとうブロックの最後になった（ロンドンのブロックの単位は非常に長い）。来た道を逆戻りした。しかし煙草屋はなかった。

翌日、聖堂守時代に貯め込んでいたお金を元手に、煙草屋を開店した。聖堂守は新聞も置く煙草屋のおやじになった。お菓子も少し置いた。妻は聖堂守だったのに煙草屋なんて、何てひどい落ちぶれようと愚痴をこぼした。

しかしアルバートは、時代は変わった、教会も昔とは違うんだ、と言った。店は繁盛した。1年後、アルバートは煙草屋のない長い通りを発見し、二号店を開店した。マネジャーを雇った。二つの店は繁盛した。アルバートはロンドン中を歩き回った。煙草屋のない長い通りを見つけると、出店した。10年後、アルバートの経営する煙草屋は10店舗になった。

ある朝、先週の入金を預金するため銀行に行くと、銀行のマネジャーが「お話がございます。少しお時間よろしいでしょうか」続けていわく、「お店の繁盛のおかげで資金も潤沢に貯まっております。いかがでしょうか、この資金をより配当の良い投資へお回しになっては。もしお任せいただけるなら、悪いようにはいたしません。この用紙に必要事項をご記入いただくだけで、後はすべて当行が責任を持って資産運用させていただきます」

「ありがとうございます。でも、わし、できないんですわ。魅力的なお話だとはわかっとるのですが。えーっと、わし、読み書きができんので。自分の名前くらいで……。それも商売を始めるときにやっとこさ教えてもらったというわけで」

銀行のマネジャーはあきれ返った。

「では、フォアマン様は、この素晴らしいビジネスを、この莫大な財産を、読み書きできないまま、築き上げてこられたと……。信じられません。一つおうかがいしたいのですが、仮に、読み書きができたとすれば、どうなっていたとお考えでしょう」

「それなら簡単です」ミスター・フォアマンは言った。

貴族的な風貌に小さく微笑みを浮かべて。

「聖ピーターズ教会で聖堂守をやっているでしょうね」

訳者あとがき

私自身、小さな会社を25年経営し、ビジネスを育ててきました。大事に守ってきた指針があります。それは、「美しい理論も、現実と合わなければ誤り」です。あるとき、敬愛する物理学者リチャード・P・ファインマンの次の言葉に出会いました。

知識はすべて実験によってテストされる。科学上で一つのことが『真理』であるかどうかを判定するものは、実験のほかにない（『ファインマン物理学』Ｉ　序文より、阪本訳）

自分の指針と同じなので、勇気づけられました。

いま手に取っていただいている本の原著は１９８７年に上梓され、私が最初に翻訳したのは２００５年。日本では翻訳がなぜか遅れていました。

当時の訳者あとがきに、私はこう書いています。

一読、上梓されてから既に十八年経っているとは思えないほど、鮮度が高いことに驚く。読者に留意いただきたいのは、「インターネット出現以前」のコンテンツだという点だ。ちっとも古びていないし、むしろインターネットを含むＩＴ革命のBefore/Afterでも、ビジネスの基本文法はまったく変わっていないことをはっきりと確認できる。まるで、十八年前にフリーズドライされたものがたったいま解凍されたかのような息吹を、全編に感じることができる。

そう、インターネット／ＩＴは強力な武器ではあるが、しかし、だからといって、本書に述べられている数々の訓（おし）えをショートカットできることにはならない。

だからこそ、本書の価値は宝物のように輝くのであり、長く読み継がれていくパワーを持っている。

そうなのです。ポール・ホーケンが語るさまざまな訓えは、前述の訳者あとがきを書いてからさらに19年を経た２０２４年のいま読んでも、まったく色褪せていない。むしろガンガン使えるパワーがあります。

- まず、始めなければ始まらない
- ビジネスは人柄の試金石になる
- ビジネスは遊びである
- ビジネスは実行あるのみ
- お金がありすぎることは、足りないより悪い
- 「伝説」にまどわされてはいけない
- ビジネスは常に問題を抱えている
- 規模はもはや優位性にはならない
- 「ありふれ」に違う光を当て、育ててみよう
- 「する」ことではなく、「である」こと
- 楽しくやろう
- 現場から学ぶ
- 数字に強くなる
- 顧客の視点から学ぶ

などなど、本書の内容は、ファインマンの言葉に従うなら、40年の時の実験を経て、真理で

あることが証明されています。

この間、インターネット、ＳＮＳ、ＤＸなど、ビジネスを取り巻く環境は激変しました。激変しましたが、「だからこそ」変わらぬ真理が明らかになったと思います。

２０２３年の春頃、一人の経営者として、また、経営コンサルタントとして、私はこんな問いを感じていました。

コロナが社会やビジネスの価値観を根底から覆したのではないか。

また、ＣｈａｔＧＰＴをはじめとする生成ＡＩやＤＸに関する声高な議論が「本当に大事なこと」を見失わせているのではないか。

こんなときだからこそ、変わらぬ真理をいま一度見つめ直し、自分のビジネスへ調和させる必要があるのではないか。

そう考えた私は、２０２３年3月から12月まで毎月1章ずつ全10回、『ビジネスを育てる』読書会を実施しました。オンラインの開催、全国から35人の方が参加してくださいました。テキストは私自身原著に再度向き合い、新たに翻訳し直して作成しました。

本書はその新訳に加筆修正したものを書籍化したものです。

登場する企業名や数字、エピソードは手を加えず、忠実に訳出しました。必要と思われる部分は適宜訳注を加えました。ただ、原著第6章（"The Company You Keep"）は、現代日本の読者には参考にならない、米国内における会社形態の解説のため、割愛いたしました。

長く絶版になっていた本書の復刊のために尽力してくださったディスカヴァー・トゥエンティワン編集部の伊東佑真さんに心から感謝申し上げます。

創業時から本書を愛読、学びを実行に移し、大きな成果を実らせた株式会社クラシコム青木耕平さん。青木さんには、懇切丁寧な解説をお寄せいただきました。「北欧、暮らしの道具店」を創業し、育てる中、本書をどう生かしてこられたのか、私も興味深く拝読しました。本当にありがとうございます。

この本を手に取ってくださったあなたに、ポール・ホーケンの言葉を引用して贈りたいと思います。

ビジネスの成功は、ひとえにあなた本人にかかっている。あなたが世界に二人いないように、あなたのビジネスもかけがえのない唯一絶対のものなのだ。「ビジネスをする」ということはお金儲けを指すのではない。あなたが、ほかの誰でもない、あなた自身になるための道なのである。

２０２４年　春

阪本啓一　ＪＯＹＷＯＷ

解説

このたび私自身が事業を生み出し成長させるうえで、最も強く長期間にわたって影響を受け続けた書籍である『ビジネスを育てる』が復刊されることとなり、とても嬉しく思っています。

本書は１９８０年代に米国で出版され、２００５年に日本でも出版されたものの、その後長く絶版となっていた隠れた名著です。

現在は出版当時よりもさらに変化のスピードが速く、先行きの不確実性が高く、より困難な環境の中でビジネスを生み出し、育てていく必要がある状況です。そのような中で「アジャイル」「エフェクチュエーション」「リーン」「プランドハプンスタンス」のような考え方が支持を集めるようになっています。本書の中ではそのような現代の環境にフィットした考え方と重なるようなアプローチの効能が、著者の当事者としての実務経験の中から紡ぎ出されており、まさに今こそ多くの人に手に取ってもらうべき本です。

そんな本書の解説を任せていただけたことは光栄ですが、私のことを知らない読者の方々が大半だと思いますので、最初に簡単な自己紹介をさせてください。

青木耕平と申します。インターネット上で「北欧、暮らしの道具店（https://hokuohkurashi.com）」というサービスを運営する株式会社クラシコムという会社を経営しています。この会社を34歳の時に実の妹と二人で創業したのが2006年のことです。まさに旧版『ビジネスを育てる』が日本で発刊された年の翌年です。

「北欧、暮らしの道具店」は小さな北欧のヴィンテージ食器専門のECサイトとして始まったサービスです。1960〜70年代に作られたヴィンテージ食器を北欧の蚤の市などで買い付け、お客様に一つずつご紹介し、販売することから始めました。

その後、目の前のお客様に喜んでいただけるように、商品カテゴリを一つまた一つと加えていくうちに、雑貨やアパレル、コスメ、アンダーウェア、家具、フードなどさまざまなカテゴリの商品を展開することになりました。さらに、オリジナルで商品を開発するようになり、その売上は全体の半分以上を占めるまでになりました。

また、今のお客様と未来のお客様が好きになってくれるようなコンテンツをつくりはじめ、SNSやアプリ、YouTube、ポッドキャストなど、インターネット上のあらゆるチャネルでコンテンツを提供しています。

そうして現在はＥＣサイトという枠組みを超えて、多彩な商品やオリジナルドラマやドキュメンタリー番組、劇場映画、雑誌、ラジオ、音楽など様々なコンテンツを日々お届けするプラットフォームとなっています。

妹と二人で創業してから18年ほど経過した現在では、社員が１００名に迫る規模に成長し、２０２２年８月には東証グロース市場に上場することができました。

そのような私たちの創業からの成長過程において、大事な指針を与えてくれたのが本書です。

私たちが強く影響を受けた４つのポイント

示唆や金言でいっぱいの本書ですが、その中でも私たちが強く影響を受け、創業から20年弱の間、一貫して自分たちの指針にもなった４つのポイントについて解説します。

◉ビジネスは個性や思想を表現するアートになり得る

「成功するビジネスとは、個人がのびのびと自分を表現することでもたらされる」という

……信念に基づいて話を進めるつもりだ。（26ページ）

本書の冒頭部分の一節ですが、この文章を読んでとても希望を感じ、自分の内側から大きなモチベーションが湧き出てきたことを覚えています。

この本を読み始めたときの私は、自分にフィットした仕事や職場を見つけることができないまま30代の半ばに差し掛かろうとしていました。もはや自分で自分の仕事をつくるしかないと思ってはいたものの、果たして何を手掛けるべきなのか、どこを目指すべきなのかは見出せていない時期でした。

本書全体を通じて提示されている、ビジネスとはただただ売上や利益を最大化してお金を儲けるため、成功して名誉を得るための道具ではなく、作家が小説を書く、画家が絵を描いたり、音楽家が曲をつくって演奏するように、自分の実現したい世界や、美意識、心地よさ、課題を表現するアートともなり得るということは、大きな気づきとなりました。

そしてそうすることが「成功するビジネス」をつくる要諦でさえあると指摘されていたことは希望でした。単に「自己表現してもよい」ではなく、「成功するビジネスというのは、個人がのびのびと自分を表現することでもたらされる」という考えは私の中に強烈なパラダイムの変化をもたらしました。

以来、自分たちのビジネスが魅力的な思想とコンセプトのもとで、ステークホルダーや社会から見て「気づき」や「希望」、「うつくしさ」、「面白さ」を感じられる作品性を伴ったものにしたいという思いで経営に取り組んできました。

◉小さく、乏しく、拙く始めてもスケールすることは可能である

ビジネスをゼロから始めるときはたいてい、その後数年はリソースが限られており、人もお金も仕事の道具も乏しい中で事業を成長させていく必要があります。そして私たちのように、そもそもその分野の経験が十分ないのに、「好き」という気持ちを頼りに事業を始めてしまった場合、拙いスキルしか持ち合わせていません。ですから、仕事そのものから学び、成長することが求められます。

実際にやってみるとわかりますが、こんな状態で始まった事業の創業者は、毎日「本当にこのやり方で良いのか」「もうずっとこのまま小さく、乏しく、拙いまま終わってしまうのではないか」という不安に苛まれるものです。

メディアを通じて流れてくる、卓越した能力を持つタレントが集まって、たくさんの投資家に支持され、最初からユニコーンを目指す道のりが想像できる（ように見える）「大きく、潤沢で、卓越した」創業ストーリーを目にするたびに、そもそも自分たちは始め方を間違っていたんじゃないか？　という答えのない問いに直面します。十分な教育も、企業での訓練もほとんど受けていない兄と妹が二人で創業して、銀行口座には数十万円しか入っていない状態からのスタートなわけですから当然といえば当然です。

本書の中でポール・ホーケン氏自身が大学にも行かず、会社に就職したこともなく、園芸の専門家でも、通信販売の専門家でもないところから、間借りした倉庫と机2台、人が二人、自前で作った500部にも満たないカタログから始めたと明かされていること。そして本書では触れられていませんが、彼が本書を発表した後に事業を手放すことになった1991年には、4つの小売店（最終的には全米で50店舗を超える規模に成長）、10万フィートの出荷施設、年間60万人のカタログ顧客、グラフィックデザイン賞の受賞、家具、工具、球根、作業服、雑貨の5種類のカタログを発行するまでになったという事実は、私たちに「小さく、乏しく、拙く」始めても「ビジネスを（大きく）育てる」ことが可能なのだという希望を与えてくれました。

ここで言う「育てる」という言葉には、三つの意味がある。

「自分の周囲の世界へ関心を持つ」

「人から学ぶ」

そして、「自分を変える」（24ページ）

本書の中ではこの言葉通り小さく、乏しく、拙いところから始めて、誰もが知るような大きなビジネスに育てることができたアップル、パタゴニア、ベン&ジェリーの創業の事例なども収められており、大いに勇気づけられました。

⦿ビジネスは身体知であり、実務に身を浸しながら学び、思考するべきである

ビジネスに必要な能力というものは、多分に身体的なもので、頭でっかちにならず、自分の手と頭を使って仕事する中で、体に染みいらせるように身につけていくものであるという考えも、私のビジネス観に大きな影響を与えました。

ビジネスを育てるということは、あなた自身が汚れ仕事にも自ら精通することを意味する。はじめのはじめに、業務全般について正しくコントロールできるだけの力をつけよう。

業務がどのような基本要素によって成り立っているのかを知ろう。このことは、のちに業務分担の割り振りができるようにするためにも必要だ。
　最初の、このような地道なプロセスを飛ばしてはいけない。後々トラブルの原因になる。どのような成功したビジネスであっても、最初は地味な業務から始まったのだ。（39ページ）

「北欧、暮らしの道具店」を始めて数年間は、たくさんの届いた商品を倉庫に入庫し、ご注文に合わせて出荷したり、お客様からの問い合わせの電話やメールに対応したり、パソコンのセットアップや、会計帳簿の記帳や月末の大量の支払いなどしているだけで日々が過ぎていってしまい、もっと「大所高所」から「経営戦略」を考えたりしなくて大丈夫なのかと心配になる日々でした。そんな中でも、「こんなところで、誰にも知られずに、こんなことばかりしていていいのだろうか……」という気持ちにならず、地道に仕事をし、学び、少しずつ磨きながら成長することができたのは、この言葉があったからだと思います。

　大きく息を吸って。吐いて。じっくり取り組もう。働こう。実行しよう。そして、学ぼう。（55ページ）

未来の展望が見えないことに気持ちが落ち込んだときには、よくこの言葉をマントラのように唱えていました。

⦿企業を健全に成長させるためのヒントは生物や植物の成長にある

またビジネスの成長に関する重要な観点も本書から受け取った大事なメッセージです。

ガーデニングや植物栽培に携わっているので、常日頃から、いつも次のフレーズがアタマに浮かぶ。「あまりに速い成長をする植物は、実のところ健康とは言えない」。また、次のフレーズも。「あまりに遅すぎるのも、その後の成長に問題が出る」。（中略）

健康的で、成長に富むビジネスを創造することも同じだ。その気のない市場をねじ伏せて成功を奪い取ることなんてできない。起業家についてまわる、「征服するヒーロー」といったイメージはウソだ。（中略）

植物に必要な栄養分に手加減することはできないし、逆に、不要なのに無理やり与えてもいけない。ビジネスも同じ。（151〜152ページ）

私もメディアの方や株主、あるいは社員からも「この会社をどこまで大きくしたいのですか？」

「どのくらい大きくなりますか？」と尋ねられると、この記述が頭に浮かびます。

そしてこんな風に答えてきました。

「会社も植物と同じで成長するポテンシャルを備えています。そのうえでそれぞれの植物に合った成長速度と最大サイズがあります。

たとえば、リンゴとスイカは共に種が芽吹いてから、それぞれの成長速度で着々と成長していきます。でもリンゴはリンゴの大きさがちょうどよく、スイカにはスイカにちょうどよい大きさがあります。それぞれにとってちょうどよい大きさまで成長したら、ようやく成熟して美味しくなるチャンスに恵まれます。逆に、それぞれにとってちょうどよいサイズまで一定の期間で成長できなければ、熟して美味しい実になるチャンスが失われてしまいます。

私たちのビジネスも同様に、成長のポテンシャルを持って産み落とされ、丁寧に世話をして、十分な栄養を与え、健やかな環境で育てることで、ちょうどよい大きさまでは規模は大きくなるでしょうし、「ビジネスを育てる」ことに責任を持つ者として、そのために力を尽くしたいと思います。

世話をする者が怠ったから、無能だったからせっかくのポテンシャルが発揮されなかったと言われたくはありません。

でも、美味しいリンゴを育てようとするときに、スイカのようなサイズにすることを望まないのと同じように、ビジネスにとってちょうどよい大きさになったなら、ビジネスを「成熟」させ、より卓越したものになるよう磨き込むことに力を傾けたいと思います。

ただビジネスと果物で違うのは、ビジネスはどのくらいの大きさがちょうどよいのか、やってみないとわからないということです。リンゴサイズがちょうどいいのか、メロンなのか、スイカなのかやってみないとわからないのです。

今のところまだまだ大きくしないと未成熟で、小さく、硬く、赤く熟して美味しくなるフェーズには入っていないように感じています。この先、健全にちょうどよいサイズまで成長し、成熟に力を注げるタイミングになることを楽しみにしています。そうなって初めて、本当に卓越したビジネスに仕上げていくことに取り組めると考えているからです」

このように考え、他社と比較したときのサイズや成長スピードにフォーカスするのではなく、自分たちのビジネスが今「健やか」な状態であるかということだけに注意を払ってきました。必要な世話や栄養は足りているか（あるいは多すぎていないか）、自分たちのビジネスはまだ成長したがっているか、それとも成熟を求めているのか。

おかげで創業以来現在までの18年の間、毎年利益を創出しながら健やかに売上、利益とも順調に成長することができました。逆説的に聞こえるかもしれませんが、規模の成長や成長スピードにフォーカスをしていたら、結果的にこれほどの期間、健やかに成長を続けることは難しかったのではないかと想像します。

ここまでで私が本書から強く影響を受けた4つのポイントを解説させていただきました。本書ではそのほかにも顧客に「売り込む」前にまず「パーミション」をもらうことがとても重要であること、「商売のセンス」としか言いようのないビジネスの才能の正体とはなんなのかといった興味深いテーマも扱われています。また、具体的に事業を育てていくための計画の立て方、お金の集め方、組織の作り方など実践的な内容も扱われています。

本書の読書体験を通じて、多くのビジネスパーソンが、ビジネスを単なるお金儲けや名誉を得るための手段としてではなく、苦労は多いもののそれに見合う喜びのある人間らしい取り組みだと感じられるようになれたら素敵だなと思います。そのように取り組むことで結果的に十分なサイズに「ビジネスを育てる」ことは可能なのですから。

自らの創造性や思想をのびのびと表現するアーティストのようなビジネスパーソンが増えて、この世界が単に経済的な発展を続けるだけでなく、気づきと希望と学びで溢れるようなそんなところになることを夢想します。

不確実な世界の中で、不完全な人間が集まって取り組むのがビジネスですから、日々問題が発生し、決して楽な取り組みではありませんが、それも創造の産みの苦しみの一つと捉えることができれば、長く喜びと希望を感じながらビジネスを育てていけるはずです。

まさに真実に目覚めたんだ。
「問題が解決し、すべてなくなることはなく、逆に、問題が常にあることが当たり前なのだ」
実のところ、問題があるということは、その会社が学び盛りのステージにあることの証左なのである。（63ページ）

私自身もそんなプレイヤーの一人であり続けられるよう、これからも本書を折に触れて紐解き、地道に時間をかけて、自分の仕事に喜びを持ちながらビジネスを続けていきたいと思います。

2024年　春　青木耕平

訳注

※1　SRC社の事例は、2005年出版された翻訳では割愛した。時代が1983年〜1987年で古く、馴染みの薄いアメリカ企業の事例のためだ。ところが今回あらためて周辺を研究し、かつ、脳科学の知見を組み合わせると、とても興味深いので、新たに訳出した。

SRC社長（当時）ジャック・スタックにはこれについて詳しく書いた著書がある。『The Great Game of Business』（1992年）。邦訳『その仕事は利益につながっていますか？』（神田房枝訳、ダイヤモンド社、2009年）。ポールが推薦文を書いている（アマゾン・エディトリアル・レビュー）。

「今世紀ひとりのビジネスマンが起こした最も過激な行動についての輝かしいエピソード。この本を読んでしまったあなたは、もう古い方法でビジネス経営ができない」

SRC社は2023年現在も健在（https://www.srcholdings.com/）。元の親会社インターナショナル・ハーベスターは社名を売るまでになっている（https://kotobank.jp/word/%E3%82%A4%E3%83%B3%E3%82%BF%E3%83%BC%E3%83%8A%E3%82%B7%E3%83%A7%E3%83%8A%E3%83%AB%E3%83%BB%E3%83%8F%E3%83%BC%E3%83%99%E3%82%B9%E3%82%BF%E3%83%BC-32974）。

さて、この事例がなぜ興味を惹くか。最新の脳科学によると「ストレス軽減させる方法」は、「コントロールできると思い込む」こと。SRCが親会社から実質上「切られ」、心細い船出をせざるを得なくなったとき、いつ沈没してもおかしくなかった。多額の借金もあった。仕事は決して魅力的とは言い難い。SRCの仕事は、車や特殊車両の使い古されたエンジンを解体、修理、組み立てをし、その過程で使えそうな部品を選んだり、壊れているものを修理したり、修理不能なものは交換する。騒音がひどいので、耳栓は必須で、油まみれになる、いわゆる3K（キツイ、キタナイ、キケン）仕事だ。それでもそんな仕事に就いてくれる119名の社員たちの生活を、人生を、なんとか守らなければならない。

結論として、「自分のやっている仕事が自分の給与にどう関連するのか？」を全員にわかるようにした。数字を公開し、財務諸表（損益計算書、貸借対照表）の読み方を教えた。オープンブック経営です。脳科学では、「自分のやった成果を確認できる」と、ストレスを感じないそうだ。逆に言うと、「自分の締めているこのボルトが、どう給与に反映されるのかわからない」と、やる気につながらない。

ジャック・スタックは、こう言う（前掲書『The Great Game of Business』）。

経営をゲーム化する。ゲームのルールは極めてシンプル。

ビジネスを決定づける要素はたった二つ。一つは利益を上げる。もう一つは資金を作り出す。この二つさえしっかりやっていれば、ビジネスにつきものの失敗を犯したとしても、会社は沈没しない。安全、品質、納品、顧客サービスも重要課題だけれど、それらは過程であり、最終結果でもなければ生き残りの条件でもない。ビジネスでは、いくら素晴らしい顧客サービスを提供しても、高い職場の安全性を誇っても、業界一の品質の製品を販売しても、（利益がなければ、資金が尽きれば）倒産してしまう。ほとんどの社員が、ビジネスを抽象的なものとしてしか捉えられていない。

たとえば、儲けること自体、汚いと思い込んでいる人がいる。そういう人は、「儲けは、夜になると自動的に経営者の銀行口座へ転がり込んでいく」と考える。営業利益の40％以上税金として徴収されることを知らない。そもそも、会社のお金と経営者個人のお金は別ものだ。

余剰金と言われてもピンとこない。利益を上げているのに、なぜ支払いのための現金が口座になかったり、毎日現金収入があるのになぜ営業損失が出ているのか、さっぱりわからない。

キャッシュフローって何？　そもそも利益って？

それに、他人（エライさん）のために自分が汚れ仕事に汗流していると思えば、誰しも熱心にはなれない。失業は困るけれど、そこそこやればいい。深入りはしない。

つまり、一般的な社員にとって、ビジネスとはあまりに抽象的で、退屈、複雑で、むしろ不快に思ってしまう存在。

そこで、ゲームの出番というわけだ。社員には、彼らがビジネスについて間違った先入観を持っていることを伝え、ビジネスは本当のところゲームであって、野球、ゴルフ、ボーリングとそれほど変わらないことを説明する。

その主な違いといえば、賭けるものが大きいという点だ。ソフトボールであれば、せいぜいトロフィーが手に入るかどうかだが、ビジネスゲームでは、家族の生活、食卓に並ぶメニュー、自分の夢の実現をも左右する。とは言え、ゲームで勝つために天才起業家であるウォルマート社のサム・ウォルトンのようになる必要もない。ただルールを学んで、基礎を理解し、チームプレーをする気持ちさえあれば十分だ。

ＳＲＣ社では、全社員に、「経営革新ゲーム」に参加してもらえるようにできる限りの取り組みをしている。まずルールを教え、それから得点表のつけ方と、ビジネスの現状から得点を読む方法を説明する。そして、この二つのことに熟達してもらうための情報を惜しみなく与える。そして成果に応じて、株、ボーナス、昇進という形で、魅力的なインセンティブを提供している。

参考：https://youtu.be/s_VNIZSjVkg

※2　１９８４年12月2日深夜、インドのボパールにあるユニオン・カーバイドの工場で起きた化学物質漏洩事故。猛毒のイソチアン酸メチルがボパール市民の家に流れ込み、大量の死者が出た。事故の後風下の人たち２５００人が亡くなった。後遺症も含めると、被災した人の数は50万人に上る大惨事となった。現在も化学物質汚染は続いている。ユニオン・カーバイドは２００１年にダウ・ケミカル社と合併。https://www.

bhopal.com/

※３　この文章は１９８７年のものだが、その後のＳＮＳの発達によって、傾向に拍車がかかっている。２０００年頃、私は「ネットの浸透は、顧客参加型のお祭り型市場になる」と「予言」した。その通りになっている。

※４　これから出てくる数字はいずれも本書出版当時（１９８７年）のものなので、今となっては古い。とはいえ、ポールの意図は汲み取っていただけるはずなので、そのまま訳出した。

※５　これはアメリカでは奇跡に近い。

※６　ミセス・フィールズ・チョコレート・チッパリーの歴史はこちらで見ることができる。https://www.mrsfields.com/about

※７　主に登山やクライミングで使われる、針状の金属製の道具のこと。ピトンは、岩壁などに打ち込んでロープを通し、安全に登攀（とうはん）するためのアンカーとして使われる。ピトンにはさまざまな種類があり、使用する状況に応じて適切なピトンを選択することが重要だ。また、ピトンは登山用語の一つでもある。

※８　日本では「サーティワン・アイスクリーム」で有名。１か月の日数にちなんで「31フレーバー」というスローガンを掲げた。

※９　日本市場からは２０１９年に、撤退している。https://www.ryutsuu.biz/strategy/l121247.html

※10　この成長率の話はあくまで本書原書執筆当時１９８７年頃のもの。現在では社会環境が変わっているため、紳士服や書店ビジネスの成長率が20パーセントというのは明らかに「違う」だろう。しかし、この文章の真意は数字ではなく、「正直ベースの成長率」を冷静にとらえ、出資してもらうために歪めてはいけないよ、ということだ。

　また、それよりもっと大切なことがある。ビジネスプランは誰かから出資してもらうためではなく、自分のために書く。自分が行きたい場所に到達するために書く。自分の脳に、具体的かつ細やかに目標を指示する。そのためにビジネスプランを利用する。ＣｈａｔＧＰＴでも、成果が出るか出ないかはプロンプト（指示）次第。それと同じ。

※11　アルフレッド・コージブスキー（Alfred Korzybski、１８７９年7月3日～１９５０年3月1日）は、ポーランド出身の哲学者、科学者。一般意味論（General Semantics）という学問分野の創始者として知られている。一般意味論は、言語と現実、人間の認知と行動の関係を研究する学問であり、コミュニケーション、教育、心理学などの分野に影響を与えている。

※12　スミス&ホーケン創業は1979年、20世紀。21世紀までは22年近くあったという背景だ。

※13　会社の組織と運営の基本的なルールと方針を定めた文書のことを指す。これは、会社の設立時に作成され、法人格の取得とともに公式に認められる。

※14　このレイのエピソードの意図は、「当時のアメリカの一般の人にとって、スミス&ホーケンの商品がいかに新しく、馴染みの薄いものだったか」を語っている。レイについて、わざわざ「最近オクラホマからカリフォルニアへ引っ越したばかり」と添えているのは、「オクラホマ」がアメリカ人一般を代表する価値観を表しているからだ。カリフォルニアであれば「先進的」な考えの人が少数ながらいる。この後、「最初の客」が来るように。「地域に溶け込むのを拒絶された移民のような気分」というのも、「ぼくたちの商品は、アメリカに溶け込めないのではないか」がニュアンスとして出ている。

つまり、スミス&ホーケンは、「アタリを狙い、置きにいった」わけではなく、むしろ「賭けに出た」。ただ無謀な賭けではなく、自分たちを信じた結果の賭けだ。創業の参考になる。

※15　Philo Potteryは、カリフォルニア州ソノマ郡のボーンビル近くにある陶器店。1987年に開店し、2000年に閉店した。陶芸家であるジェーン・フィロと彼女の夫であるジョン・フィロによって設立された。彼らは、伝統的な陶芸技術と現代的なデザインを融合した陶器を制作していて、Philo Potteryの陶器は、その美しさや機能性で高く評価されていた。Philo Potteryは、2000年に閉店したが、その陶器は現在でも多くのコレクターに愛されている。Philo Potteryの陶器を探している場合は、オンラインやオークションで見つけることができる。

※16　こうしてPhilo Potteryの二人がスミス&ホーケンの最初のお客さんになったのだが、この当時はまだ店はやっていなかったはずだ。記録では上記のように「1987年開店」であり、『ビジネスを育てる』本の出版の年なので。スミス&ホーケンの新しさが陶芸家である彼らのセンスに響いた事例として読める。

※17　ポールは"Bootstrap business"と表現している。「自前主義のビジネス」と訳した。"Bootstrap business"（ブートストラップビジネス）は、外部資金をほとんど、またはまったく利用せずに、創業者自身の資金や事業から得られる収益を活用して成長させるビジネスのアプローチを指す。ブートストラップという言葉は、「自分のブーツのひもを引っ張って自分を持ち上げる」ことからきており、このアプローチでは、企業は外部投資家から資金を調達する代わりに、限られたリソースで効率的に運営し、自己資金で成長を支える。

ブートストラップビジネスの利点は、創業者がビジネスに対するコントロールを維持できることや、外部投資家に対する義務を負わないことが挙げられる。しかし、反面、資金が限られているため、ビジネスの拡大が遅くなる可能性があり、リスク管理が重要となる。

※18「凡人」の原語は「plodders」。ploddersという言葉は、努力や作業に対して根気強く取り組む人や、コ

ツコツと頑張る人を指す表現。これは主に否定的なニュアンスを持ち、単なる努力家や地道に働く人ではなく、あまり派手な成果や才能はないが、黙々と努力を続ける人を指すことが多い。そのため、個人や集団の中で優れた才能や能力を持たないが、忍耐力や根気強さを持って取り組んでいる人たちを描写する際に使われることがある。

※19　バイエルンはドイツ南部にある州で、ビール造りが盛んな地域。バッチブルワリーとは、一度に少量のビールを作るブルワリーのことで、伝統的な方法でビール造りを行うブルワリーのことを指す。冷蔵ろ過とは、ビールから酵母やその他の不純物を取り除くために、冷却してろ過する方法。この表現は、伝統的な方法で、高品質のビールを少量ずつ製造するブルワリーを表している。

※20　「ニクソン大統領の賃金物価統制政策」ニクソン大統領の賃金・物価統制政策は、1971年にアメリカで実施された一連の経済政策を指す。具体的には、ニクソン大統領は1971年8月15日に、「ニューエコノミックポリシー」を発表し、これにより、アメリカは金本位制を放棄し、賃金と物価の一時的な凍結を行った。この政策は、アメリカのインフレーションを抑制し、同時に雇用を維持・増加させることを目指していた。これは、物価と賃金の上昇を90日間制限し、それを管理するための新たな連邦機関を設立した。賃金と物価のコントロールは、その後約3年間続けられた。

しかし、結果的には、この政策はインフレーションを抑えることができず、長期的には経済に混乱をもたらした。物価統制が解除された後、アメリカ経済は「スタグフレーション」(停滞した経済成長と高インフレの組み合わせ)に陥り、1970年代後半までこの問題に苦しむこととなった。

※21　原文は「diseconomies of scale」という表現になっている。正確に訳すと「スケール不経済」。スケール不経済とは、企業の規模が大きくなるにつれて、生産量あたりの平均コストが増加する現象のこと。スケール不経済の原因としては、以下のようなことが挙げられる。

- 管理コストの増加
- 意思決定の遅延
- 生産効率の低下
- コミュニケーションの困難

スケール不経済が発生すると、企業の収益性が低下し、競争力が低下する可能性がある。そのため、企業はスケール不経済を回避するために、最適な規模を維持することが重要だ。ただ、「最適な規模」が一番難しいのだが。

※22　潜在的な投資家とは、将来的に投資を行う可能性のある人々のことを指す。潜在的な投資家は、投資経験が豊富な人から、投資初心者まで、さまざま。投資家に投資を検討してもらうためには、その人のニーズや期待を理解し、投資のメリットをわかりやすく伝えることが重要だ。

※23　セレンディピティとは、偶然の出会いや予想外の発見を意味する言葉。また、何かを探しているときに、探しているものとは別の価値があるものを偶然見つけること。平たく言うと、ふとした偶然をきっかけに、幸運をつかみ取ることだ。セレンディピティの代表的な事例としては、ニュートンが「リンゴが木から落ちる」状況を見た結果、「万有引力の法則」を発見したことが挙げられる。また、フレミングがシャーレの中に偶然発生した青カビを見てペニシリンを発見した逸話も、セレンディピティの事例のひとつ。

セレンディピティは、ビジネスにおいても重要な概念だ。セレンディピティを積極的に活用することで、新たなビジネスチャンスを見つけたり、新しい発見を得たりすることができる。

※24　プロスペクタスとは、企業が株式や債券を発行する際に、投資家に対して提供する投資家向けの説明書のこと。プロスペクタスには、企業の概要、財務状況、事業計画、リスク情報などが記載される。投資家は、プロスペクタスの内容を理解した上で、投資の判断を行う必要がある。

※25　『正直なビジネス　ビジネスをはじめ、成功に導くための優れた方法』(マイケル・フィリップス&サリー・ラズベリー、林一成訳、スタートビジネス刊、1999年)。ポール・ホーケンも、『正直なビジネス』も、「トレードスキル(tradeskill)」という表現をしている。「商売のセンス」は阪本の翻訳。『正直ビジネス』内で、トレードスキルの資質として、次の4つが指摘されている(翻訳書による)。

1 辛抱強さ
2 事実を直視する能力
3 リスクを最小限におさえる方法を知っていること
4 現場で多くを学ぶこと

ポール・ホーケンもこの4つの資質について、後に引用している。

辛抱強さの原文は「persistence」。私は「粘り強く物事をやり遂げる力」と訳した。

※26「マフラー」も「ショック・アブソーバー」も車の部品の名称。マフラーは車の後部にあり、排気をする筒のこと。車愛好家の中には、パワーや独特の排気音を大きくするために好みのものに交換する人がいる。ショック・アブソーバーは車のボディとタイヤの間にある筒状のもの。同じ場所にあるバネをスプリングといい、これらをまとめてサスペンションと呼ぶ。

※27　アメリカの大統領選挙は、通常、11月の最初の火曜日に行われる。11月の第一火曜日は、国民の祝日である「選挙の日」(Election Day)となっており、全米で大統領選挙が行われる。ただし、大統領選挙は選挙日に先立つ数か月間、予備選挙や党大会などの選挙プロセスを経て行われるため、選挙の準備や選挙キャンペーンはこれより前から進行している。また、大統領選挙は4年ごとに行われるが、特定の年に行われるわけではなく、選挙年になると11月の最初の火曜日に大統領選挙が行われる。

※28　本章はいわゆる「パーミション・マーケティング」の思想である。セス・ゴーディンが『パーミション・

マーケティング』（阪本訳、翔泳社刊、1999年）を著したのは本書が出版されてから12年後。本人に確認していないのであくまで推測だが、セスがパーミション・マーケティングを構想するにあたり、ベストセラーの本書を参考にしたことは十分考えられる。

※29　1980年、ハーゲンダッツはフルーゼン・グレッへを「うちのスカンジナビア風マーケティングを真似してるやん！」と訴訟を起こした。ところが裁判所は「そういうあなたたちこそ、スカンジナビアに何のルーツも持ってないじゃないですか」と棄却。面白い時代である。「フルーゼン・グレッへ」ブランドは、その後何度か売却され、居場所を移したが、現時点、存在が消えてしまっている。

※30　商いにおける「混ざりっけなしの美徳」というものは、数々のマーケティング用語が現実を生み出すのではなく、商いの原点にはすでに存在していた、と読み解くことができる。マーケティング用語を勉強するから商いの真髄が手に入るのではない。それは商いという水流の中に昔から存在している。ただ、気づかないだけだ。用語が生まれることで、ふわふわした現実が解像度を高め、輪郭がくっきりする、ということはある。でも、逆はないのだ。

※31　「プレッピー世代」は、米国において1970年代〜1980年代にかけて生まれた世代を指す言葉。この用語は「プレッピー（preppy）」という言葉から派生しており、主に高級な私立学校や名門大学に通う学生や若者を指す。「プレッピー」とは、「プレパラトリー（preparatory）」の略で、高級な私立学校や大学進学を意味する。そのため、プレッピー世代は、一般的には教育に重点を置き、上流階級や中産階級の家庭に育てられた若者たちを指す。この世代の若者は、ファッションやライフスタイルにおいても高級感や伝統的なスタイルを重視し、一般的には清潔感のある服装やクラシックなデザインを好む傾向がある。また、一般的には1980年代のカルチャーやファッションに影響を与えた世代としても知られている。この用語は、特定の社会的背景やファッションスタイルを持つ若者たちを指すために使用されることがある。

※32　会社を表すcompanyの語源は「仲間」。companyは、ラテン語のcompāniōから来ている。compāniōは、com（ともに）とpanis（パン）からなる合成語。つまり、compāniōは、共にパンを食べる仲間という意味だ。この語源は、古代ローマの習慣に由来している。古代ローマでは、旅行や出征する際に、仲間と一緒に行動することが一般的だった。これらの仲間たちは、共に食事をしたり、宿泊したりしながら、旅を共にした。このように、共に食事をしたり、宿泊したりする仲間のことを、compāniōと呼んでいたのだ。英語では、companyは、会社や企業の意味だけでなく、仲間や集団という意味でも使われる。これは、companyの語源が、共にパンを食べる仲間という意味であることを反映してる。したがって、会社を表すcompanyの語源は「仲間」であると言えるだろう。日本語の「同じ釜の飯を食う」に通じる。

※33　あえてわざと意味不明なわかりづらい翻訳にしている。原文も、官僚機構によくある血液ドロドロな組織のような冗長かつ意味不明な文章になっている。

※34　1984年1月、ベル・システムは消滅し、代わりに7社の地域電話会社が誕生した。新生AT&T
は長距離通話サービスに特化した。

※35　原文は「Hybrid vigor」となっている。Hybrid vigor（ハイブリッド・ビガー）は、生物学や農学の用語で、異なる遺伝的バックグラウンドを持つ個体を交配させた際に、その子孫が親個体よりも健康で成長が良い場合を指す。この現象は異種交配による遺伝的多様性の導入によって生じ、通常、生物の成長、生殖、病気への抵抗力、生存能力などが向上する。ハイブリッド・ビガーは、農業において肉牛や作物の生産を改善し、遺伝的多様性を導入するために広く利用されている。異なる品種や種を交配させることにより、生産性や耐病性を向上させることができる。同様の概念は生物学的多様性の保護にも関連しており、野生種の保護や生態系の回復においても役立つことがある。例としては、以下のようなものが挙げられる。

- トウモロコシのハイブリッド種は、単系種よりも生育速度が速く、収量が多い。
- 大豆のハイブリッド種は、病害虫への耐性が強く、安定した収量が得られる。
- 牛のハイブリッド種は、成長が早く、肉質が良い。
- 豚のハイブリッド種は、出産率が高く、母乳の量が多い。

ここでは、生物や農作物ではなく、「人と組織」の観点でポールは話している。

ビジネスを育てる　新版

発行日　2024年5月24日　第1刷
　　　　2024年8月27日　第3刷

Author　ポール・ホーケン
Translator　阪本啓一
Expounder　青木耕平
Book Designer　遠藤陽一（DESIGN WORKSHOP JIN Inc.）

Publication　株式会社ディスカヴァー・トゥエンティワン
〒102-0093　東京都千代田区平河町2-16-1 平河町森タワー11F
TEL　03-3237-8321（代表）03-3237-8345（営業）
FAX　03-3237-8323
https://d21.co.jp/

Publisher　谷口奈緒美
Editor　千葉正幸　伊東佑真

Distribution Company

飯田智樹	蛯原昇	古矢薫	佐藤昌幸	青木翔平	磯部隆	井筒浩
北野風生	副島杏南	廣内悠理	松ノ下直輝	三輪真也	八木眸	山田諭志
鈴木雄大	高原未来子	小山怜那	千葉潤子	町田加奈子		

Online Store & Rights Company

庄司知世	杉田彰子	阿知波淳平	大﨑双葉	近江花渚	滝口景太郎	田山礼真
徳間凜太郎	古川菜津子	藤井多穂子	厚見アレックス太郎		金野美穂	陳玟萱
松浦麻恵						

Product Management Company

大山聡子	大竹朝子	藤田浩芳	三谷祐一	千葉正幸	中島俊平	伊東佑真
榎本明日香	大田原恵美	小石亜季	舘瑞恵	西川なつか	野﨑竜海	野中保奈美
野村美空	橋本莉奈	林秀樹	原典宏	牧野類	村尾純司	元木優子
安永姫菜	浅野目七重	神日登美	小林亜由美	波塚みなみ	林佳菜	

Digital Solution & Production Company

大星多聞	小野航平	馮東平	森谷真一	宇賀神実	津野主揮	林秀規
斎藤悠人	福田章平					

Headquarters

川島理	小関勝則	田中亜紀	山中麻吏	井上竜之介	奥田千晶	小田木もも
佐藤淳基	福永友紀	俵敬子	池田望	石橋佐知子	伊藤香	伊藤由美
鈴木洋子	藤井かおり	丸山香織				

Proofreader　文字工房燦光
DTP　一企画
Printing　日経印刷株式会社

ISBN978-4-7993-3040-1
Business wo Sodateru shinban by Paul Hawken